Bad Schussenried

Wolfgang Adler | Fotografie
Rolf Waldvogel | Text
Lioba Geggerle | Gestaltung

Bad Schussenried

Süddeutsche
Verlagsgesellschaft Ulm
im
Jan Thorbecke Verlag

4

Inhalt

Aus gestalterischen Gründen hat nicht jedes Bild eine eigene Unterschrift. Was die Fotos zeigen, ist – in der Regel – auf jeder Doppelseite in einem kurzen Text zusammengefasst. Beschrieben werden die Bilder auf den beiden Seiten jeweils von links nach rechts und von oben nach unten.

Auf den Weg

Ein Bildband ist stets eine Momentaufnahme: dem Zeitgeist verhaftet und die jeweilige Epoche spiegelnd. Der Blickwinkel des Fotografen, das Wort des Autors und die Hand des Grafikers sind Moden unterworfen – auch wenn wir uns noch so sehr mühen, Überdauerndes oder stets Gültiges schaffen zu wollen. Ein Blick in vergangene Werke – etwa aus den Zwanzigern des vorigen Jahrhunderts mit den Milchkannen auf dem Pferdefuhrwerk oder den Fünfzigern mit dem „Brezel-Käfer“ im Bildvordergrund – macht uns das bewusst. Dieser Blick macht uns aber auch bewusst, was überdauert hat, was sich veränderte und was hinzugekommen ist.

Schön, dass es nun zu Beginn des 21. Jahrhunderts eine neue Momentaufnahme von unserer Stadt gibt. Einer der profiliertesten Kulturjournalisten im Südwesten richtete dafür seinen Blick auf Bad Schussenried und brachte seine Impressionen zu Papier, spannte den Bogen von den Spuren der Rentierjäger an der Schussenquelle über die Blütezeit des Barock bis in die Jetztzeit. Der Fotograf richtete seine Linse nicht nur auf Altbekanntes, sondern geizte auch nicht mit wundervollen Details, die uns staunen lassen über den Reichtum unserer Stadt. Der Jahreslauf mit seinen unzähligen „Events“ spiegelt sich ebenso wider wie die reiche Tradition und die spannende Gegenwart.

Der Band erscheint in einer Zeit des tiefgreifenden Wandels, aber auch des wirtschaftlichen Aufschwungs. Wie schon lange nicht mehr steht einerseits unser Bildungs-, Sozial- und Gesundheitssystem in der Diskussion. Energieeffizienz und Klimaschutz sind in den Fokus politischen Denkens und Handelns gerückt. Andererseits finden renommierte ortsansässige Unternehmen, wie etwa Liebherr oder SHW-Automotive ihre Märkte immer mehr im europäischen oder außereuropäischen Ausland und expandieren wie kaum zuvor. Entsprechend notwendige Investitionen in die Infrastruktur wie etwa Schulerweiterungen, Schulsanierungen, Fertigstellung der Stadtumgehung und die dadurch mögliche Innenstadtberuhigung, aber auch die städtebauliche Integration des seit 1997 aufgegangenen Kloster- und Eisengießereiareals sind großartige Aufgaben. Auch wenn die Gesundheitsreform die Kurstadt heftig traf, so zeigt auch dies in hektischer Zeit: Nichts ist so stetig wie der Wandel.

So ist am Schluss allen zu danken, die diese Momentaufnahme initiierten und ermöglichten, der Süddeutschen Verlagsgesellschaft im Jan Thorbecke Verlag, die das Projekt realisierte, dem Autor Rolf Waldvogel, dem Fotografen Wolfgang Adler, Lioba Geggerle vom teamschostek und den Firmen, die mit ihren Beiträgen im Wirtschaftsteil die Drucklegung des Buches unterstützten und die sich anstecken ließen von einer guten Idee.

Dem geneigten Leser oder Betrachter empfehle ich nach der Lektüre allerdings auch die Natur, die sich noch viel reicher zeigt, als wir in Wort und Bild beschreiben können.

Georg Beetz
Bürgermeister

Kaleidoskop eines Kurortes

„Als Ruth von ihrem Russen schied,
da fuhr sie gleich nach Schussenried...".

Irgendwann einmal hört man das und lacht kurz auf. Irgendwann einmal fährt man auch hin. Eher zufällig. Wieder eines dieser Städtchen zwischen Donau und Bodensee, Alb und Iller, wo der gelbe Engel auf türkisblauem Grund schon am Ortseingang milde von seinem Schild herunter lächelt – wie überall an der Oberschwäbischen Barockstraße mit ihren mehr als hundert sehenswerten Kirchen, Kapellen, Klöstern und Schlössern.

Also austauschbar? Keinesfalls. Ein „Törle" steht mitten drin im Ort. Aber so nett und bescheiden das auch aus dem Mund der Einheimischen klingen mag, so grandios und in sich einzigartig ist die Welt, die sich hinter diesem „Törle" mit seinem quadratisch-soliden Unterbau und seiner sechseckig-eleganten Haube auftut.

Fernsicht bei Föhn lässt das Oberland noch näher an das Alpenpanorama rücken. | Das „Törle" am Eingang zum Klosterbereich gilt als Wahrzeichen der Stadt.

Vor über 800 Jahren kamen die ersten weißen Mönche in der Nachfolge des heiligen Norbert von Xanten hierher und gründeten im Jahre 1183 ein Prämonstratenserkloster. Zwar ging die Abtei – wie viele andere der großen oberschwäbischen Konvente – nach glanzvoller, vor allem von der Gegenreformation geprägten Zeit in den napoleonischen Umwälzungen 1803 unter. Aber von ihrem Ruf, vor allem von seinen weithin bekannten Hinterlassenschaften lässt sich zehren. Wer kann sich schon rühmen, einen der prachtvollsten Bibliothekssäle Europas in seinen Mauern zu haben? Und quasi als Ableger des Klosters mit Steinhausen drei Kilometer weiter „die schönste Dorfkirche der Welt"? Und – um noch viel tiefer in die bedeutende Historie hinabzusteigen – mit der Schussenquelle in nächster Nachbarschaft die 15 000 Jahre alte Fundstelle eines Steinzeitlagers, dessen Entdeckung Mitte des 19. Jahrhunderts weithin für Schlagzeilen sorgte?

Bei soviel Vergangenheit könnte sich dieses Bad Schussenried mit seinen heute rund 8500 Einwohnern automatisch nur über seine glorreiche Geschichte als eines der geistigen Zentren des Oberlandes definieren. Aber das tut es nicht. Mehr denn je zuvor muss sich eine Kommune der Spannung zwischen dem Gestern und dem Heute stellen. Diese Binsenweisheit kennt man auch an der Schussen. Nie war so viel Wechselstimmung wie heute, und das große Staunen über den Beginn eines neuen Millenniums ist auch schon wieder Geschichte, verdrängt von rasanten Entwicklungen, denen man oft nicht ausweichen kann. Spricht man mit den Bürgern, so wird dieses unbehagliche Schwanken spürbar – aber auch der Wunsch, sich den Problemen zu stellen.

„Zwischen Himmel und Hölle, Donau und Bussen liegt das Städtchen Schussenried". Das schrieb der Dichter Wilhelm Schussen, der 1874 unweit davon, in Kleinwinnaden, als Wilhelm Frick geboren wurde und dann seinen Nachnamen der geliebten Heimat wegen änderte. Irgendwie prophetisch. Die lang ersehnte Ernennung zum Bad im Jahr 1966 war in der Tat himmlisch, aber eher höllische Zeiten ließen nicht lange auf sich warten. Gerade in den letzten Jahren musste der Badeort selbst durch ein Stahlbad hindurch und wurde – Stichworte sind die Situation im Heilbäderwesen und die Gesundheitsreform – ohne großes Selbstverschulden hart gebeutelt. Übermächtige nationale Zulieferer der Kuranstalten zogen ihre Kontingente ab, Häuser mussten umgewidmet werden, die Übernachtungszahlen sanken, und all diese Prozesse sind ja noch im Fluss – mal eher runter, mal eher rauf.

Früher mit Zwiebelhaube, heute mit Zeltdach: das „Törle“. | Frisch herausgeputzt präsentiert sich das Treppenhaus im Neuen Kloster. | Am Markttag herrscht reges Leben in der Stadt. | Imposant in seiner gewaltigen Ausdehnung: der Klosterkomplex.

Bei der Säkularisationsausstellung 2003 marschierten über 150 000 Besucher durch die Pforte ins Neue Kloster. | Festliche Kulisse in der Nacht, festliche Kulisse am Tag. | Auch der damalige Bundespräsident Johannes Rau (zweiter von rechts) tat dem Bibliothekssaal die Ehre an.

Wenigstens konnte Bad Schussenried zwischendurch auf eine Art und Weise Selbstbewusstsein tanken, wie es nur wenigen Kommunen dieser Größe vergönnt sein dürfte. Als es Ende der neunziger Jahre darum ging, einen Platz für die Große Ausstellung des Landes Baden-Württemberg zum Gedenken an die Säkularisation von 1803, also an die Auflösung der Klöster im Lande, zu finden, hätte jemand durchaus auf die Idee kommen können, das in Stuttgart zu feiern – man kennt ja die Hauptstädter. Aber die staatstragenden Kräfte waren dann doch so weise, an Oberschwaben zu denken, wo diese Säkularisation landesweit die einschneidendsten, ja brutalsten Folgen gehabt hatte. So waren die Begehrlichkeiten groß im Oberland, der ausgewählte Ort für die drei Millionen Euro teure Landesschau zu werden.
Bad Schussenried hatte Glück. Es bekam den Zuschlag, weil es die idealen Räume hatte, um das Ende der geistlichen Herrlichkeit vor 200 Jahren zu demonstrieren: das gerade vom Zentrum für Psychiatrie geräumte Neue Kloster. Die Renovierung der prunkvollen Anlage mit hohem Millionenaufwand war mit eine Folge dieser Standortentscheidung der Landesregierung. Und die Stadt durfte jubilieren.

So wird das Jahr 2003 in den Annalen nun ganz dick angestrichen. Denn die Resonanz auf die Ausstellung „Alte Klöster – Neue Herren" war überwältigend: Als nach 178 Tagen Bilanz gezogen wurde, hatten sich 155 000 Besucher in die ja nicht gerade übervölkerte Mitte Oberschwabens aufgemacht – von 100 000 war in den kühnsten Träumen heilloser Optimisten die Rede gewesen. Über die Gründe dieses Erfolgs kann man trefflich räsonieren. Vieles kam zusammen: die hochkarätig bestückte Ausstellung an sich, die barocke und damit kongeniale Aura des Ortes, vor allem aber auch die Tatsache, dass sich die Oberschwaben – sonst immer gerne in einer wehleidigen Abwehrhaltung gegenüber den Altwürttembergern befangen – endlich einmal positiv identifizieren konnten: über ihr wertvolles historisches Erbe.

Die Stadt erkannte die Gunst der Stunde und brachte sich mit einem riesigen, oft auch bis an die Grenzen der Belastbarkeit gehenden freiwilligen Engagement ein. Am Ende hatte sie rund 1300 Führungen koordiniert, beim Rahmenprogramm tatkräftig mitgemischt, die Übernachtungszahlen um 20 Prozent nach oben gedrückt, bei Gastronomie und Handel für zufriedene Gesichter gesorgt – und vor allem etwas für das Langzeit-Image des Moorbades in unsicheren Zeiten gesorgt, was ja nicht der schlechteste Nebeneffekt war. An das Bad Schussenried vom Sommer 2003 denken jedenfalls viele gerne zurück – und zwar nicht nur die Oberschwaben, denn die Gäste kamen auch aus anderen Regionen Baden-Württembergs, aus anderen Bundesländern und sogar aus dem Ausland.

Ist diese Hochstimmung vergangen? Die Schussenrieder sind sich da nicht einig. Die einen klagen, der Schwung sei eher erlahmt, die anderen verspüren noch heute den Kick jener turbulenten Tage. Aber wie auch immer: Was sich hier und heute präsentiert, ist voller Spannung, voller Gegensätze, ist allemal ein Städtchen mit einer anregenden Mischung: Wo man noch gerade staunend auf die vornehm gelb-weiß abgetönten Mauern des altehrwürdigen Klosterkomplexes blickt und dann kurz danach in einem modernen Kurpark landet. Wo man plötzlich vor einer ländlichen Pferdekoppel steht, um sich ein paar hundert Meter weiter auf einem geräumigen Marktplatz mit durchaus urbanem Flair wiederzufinden. Wo historische Bauten wechselvolle Geschichte spiegeln und neue Fassaden es doch wagen, mit ihnen in Konkurrenz zu treten. Wo ein Hotel den weltläufigen Namen Amerika trägt, aber eine Gastwirtschaft uroberschwäbische Nonnenfürzle serviert. Wo eine weit über das Oberland hinaus bekannte Brauerei für eine sorgsam zwischen Brauchtum und Moderne ausgewogene, jeder großen Stadt zur Ehre gereichende Erlebnis-Kultur sorgt, obwohl sie sich ja auf ein gutes, süffiges Bier beschränken könnte. Wo landesweit, bundesweit, ja weltweit operierende Unternehmen für Arbeitsplätze sorgen und dennoch das althergebrachte Gewerbe nicht untergeht. Wo man neben einem sehnsüchtig erhofften neuen Ansturm von Kurgästen auch gerne noch etwas mehr Industrie hätte. Und wo trotzdem immer auf jenen Wohlfühlfaktor geachtet wird, der sich hier – obgleich begünstigt durch ein gesegnetes Umland – auch nicht von alleine einstellt.

Idyllen am Olzreuter See oder an der Kapelle beim Schwaigfurter Weiher gehören zum gesegneten Umland. | Vor dem Gasthof „Zur Linde“ steht ein Brunnen, geschaffen 1981 von E. Steinacker zur Erinnerung an den Heimatdichter Wilhelm Schussen (1875 – 1956) sowie an den Komponisten Konradin Kreutzer (1780 – 1849), der einige Zeit in diesem Haus wohnte. | Geselligkeit wird groß geschrieben, auf dem Markt und im Biergarten.

Die Gegensätze gehören zu dieser Landschaft, wobei der Blickwinkel eine große Rolle spielt. Was manchem aus der Innensicht heraus als gesunde Bodenständigkeit liebens- und lobenswert erscheint, ist für den anderen nur schiere Rückständigkeit. Damit müssen die Leute auch in Schussenried leben. Die Zeitläufte haben sich selbst hier immer wieder geändert. Die unsanfte Landung als Klosterort ohne Kloster nach dem ominösen „Reichsdeputationshauptschluss" von 1803 hinterließ tiefe Spuren, die bis heute nachwirken.
Aber dem bewusst gewollten Hochglanzerscheinungsbild von Kommunen wie Bad Schussenried entspricht auch eine langsam gewachsene solide innere Prägung, die heimliche Schrunden auf einem solchen Porträt nicht negiert. Mit der verträumten Randlage von früher, vor dem Zweiten Weltkrieg, ist es in einer Zeit der immer schnelleren Wege zu Ende. Selbst in der Provinz hat das Informationszeitalter Einzug gehalten. Aber auch heute noch wirkt das Neue hier nicht wie in aller Eile aufgepfropft, machen die Leute nicht den Eindruck, dass sie nur jener Moderne hinterherhetzen, die sich doch so schnell wieder überlebt.
Man kennt seine Werte, nutzt sie bedächtig für sich – und wirbt mit ihnen eher zurückhaltend nach außen. Vor allem aber versucht man, diese Werte zu sichern. Mit Beharrlichkeit. Man hält daran fest. Lond it luck, sagen die Oberschwaben gerne. Lasst nicht locker. Das machen die Schussenrieder, mit einem untrüglichen Blick für gewachsene Traditionen – ob das die sorgsame Pflege des Klostererbes ist, die Erhaltung der historischen Bausubstanz, die Beachtung des religiösen Brauchtums, die Serie von Heimatfesten, an denen es hier bei Gott nicht mangelt, die bunte Fasnet, auf die man gleich gar nicht verzichten möchte, oder die Hingabe an alle möglichen Sportarten von der Reiterei bis zur Radlerei, die hier ganz groß geschrieben werden. Und wenn einer kommt, der etwas Neues will, blitzt er trotzdem nicht ab.

So hat man letztlich das Gefühl, dass die Schussenrieder nicht nur durch jenes „Törle" hineinblicken auf ihre staunenswerte Geschichte, sondern auch aus dem „Törle" hinaus. Auf ein Städtchen, das sich sehen lassen soll – und auch durchaus sehen lässt.

Radeln und Reiten ist für die Schussenrieder eine Passion. | Auch ein aparter Zeitvertreib: das Ballonfahren. | Feiern ist das Salz in der Alltagssuppe – ob beim Magnusfest mit Umzug und Jahrmarkt oder bei der Fasnet, wenn die Riedteufel unterwegs sind.

18

Von wegen grau in grau! Auch der Winter zaubert zarte Stimmungen auf die Fluren rund um die Stadt, unter anderem bei der Kapelle nahe Menzenweiler.

Nächste Doppelseite:
Ein Stadel im Feld, eine Mulde in der Wiese, und schon lassen sich der Natur faszinierende Strukturen abgewinnen – vor allem wenn man darüber hinwegfliegt.

Reizvoll ist die Umgebung des Schussenquelltopfs – und historisch bedeutsam dazu. | Eine Gusseisentafel erinnert an den Fund des Eiszeitjägerlagers vor bald 150 Jahren.

Auftakt an der Schussenquelle

„Zum Schussenursprung“ steht an der Straße von Steinhausen in Richtung Bad Buchau. Ein Parkplatz rechts, ein Fahrweg links, nach ein paar Metern öffnet sich der Blick hinunter auf einen kleinen Tobel, und man steht am Quelltopf der Schussen. Hier entspringt sie als leise plätscherndes Rinnsal, um dann gemächlich genau 56 Kilometer durchs Oberland hindurch an Weingarten und Ravensburg vorbei zu fließen und bei Friedrichshafen in den Bodensee zu münden.

Aber eine Tafel neben der Quelle erzählt noch eine andere Geschichte: Weit schweift der Blick zurück in die Prähistorie Oberschwabens. Zwischen 50 000 und 20 000 vor Christus gingen hier gewaltige klimatische Veränderungen vor sich. Von den Alpengletschern im Hochrheintal drang das Eis bis nach Oberschwaben vor, und eine Eiszeit löste die andere ab. Zwischendurch aber schmolz das Eis, die Gletscher zogen sich zurück, und die mitgeschleppten Gesteinsmassen mit ihren Moränen aus Kies formten die Natur. Langgezogene Höhenrücken und runde Hügel entstanden, Senken und Seen wurden ausgehobelt – bis heute charakteristisch für diese Landschaft.

Wann die ersten Menschen hier auftauchten, weiß man nicht genau, wahrscheinlich schon während der Eiszeiten. Blaubeuren mit seinen Höhlen und den berühmten prähistorischen Funden aus der Zeit um 30 000 vor Christus ist schließlich nicht weit weg. Um 15 000 vor Christus traten unsere Vorfahren auf jeden Fall auch in Schussenried auf den Plan. Dass man ihre Spuren fand, war ein Glücksfall:
Als 1866 am unweit gelegenen Federsee der Wasserspiegel für die Torfgewinnung abgesenkt wurde, schien die junge Schussen fast zu versiegen. Das rief den Müller Karl Benedikt Kaeß auf den Plan, der schließlich Wasser für seine Mühle brauchte. Er ließ das Bachbett an der Quelle um einige Meter vertiefen – und zum Vorschein kamen ein paar Knochenreste.

Der Schussenrieder Apotheker Karl Friedrich Valet – ein an der Vorgeschichte sehr interessierter Mann – schickte die Funde nach Stuttgart, wo sie von Forschern unter anderem als Überreste vom Rentier, Bär, Wildpferd, Wolf, Hase, Eisfuchs und Schneehuhn identifiziert wurden. Also hatten hier Menschen der Altsteinzeit gelagert, gejagt, gegessen. Selbst Spuren früher Kunst zeigten sich: Auf einer Geweihstange war ein Rentier eingraviert. Die Funde wurden schnell als Sensation gehandelt, galten sie doch zu jener Zeit als erste Zeugnisse einer sehr frühen Siedlungsepoche in Mitteleuropa. Selbst auf der Pariser Weltausstellung hat man die Knochen 1867 präsentiert.

Im Gang des Mittelschiffs der Schussenrieder Klosterkirche St. Magnus liegt eine Bodenplatte. Verewigt sind dort die Namen der beiden Ortsherren Konrad und Beringer sowie des ersten Klosterprobstes Friedrich. 1201 wurde der Stein dort eingepasst, 1707 hat man ihn erneuert, weil er zerbrochen war. Damit fällt nun ein Licht auf die mittelalterliche Geschichte des Fleckens, die vor allem eine Geschichte seines Klosters war.
Natürlich hatte die Besiedelung schon viel früher begonnen, wahrscheinlich zur Zeit der ersten alamannischen Landnahme, vor 700 n. Chr. Aus einem winzigen Pfarrdorf dürfte bald ein kleiner Ort herangewachsen sein. Als „Shuozenriet“ wird er 1153 erstmals urkundlich erwähnt. Da sind dann die Philologen gefragt: „Schussen“ könnte auf ein keltisches Wort „sora“ zurückgehen, was so viel bedeutet wie „sulziges Gewässer“ und in der latinisierten Form „Soreth“ oder „Sorethum“ später dem Kloster und der Stadt den Namen gab. Der zweite Bestandteil „-ried“ kann sich auf das Schilf beziehen, das es ja um die Weiher der Umgebung in Hülle und Fülle gab. Oder aber auf „roden“, was auch in vielen Ortsnamen mit einem „-reute“ am Ende steckt.

Für dieses „Shuozenriet“ wünschten sich die Barone Konrad und Beringer, zwei welfische Ministerialen, im ausgehenden 12. Jahrhundert nun ein Kloster. Das schon 1145 vom Kloster Rot an der Rot aus gegründete Prämonstratenser-Stift Weißenau kam ihrer Bitte nach und schickte 1183 seinen Prior Friedrich sowie zwölf Chorherren nach Norden.
Die beiden adligen Herren räumten ihr Schloss für die Mönche und traten sogar selbst dem Orden bei. 1440 wurde aus der Probstei eine Abtei, und auch der kaiserliche Schutz blieb nicht aus: Bald darauf wurde Schussenried zum reichsunmittelbaren Prämonstratenserkloster erhoben. Dazu gehörte dann bald auch Sitz und Stimme auf den Reichstagen sowie in den Städteversammlungen. Der Einfluss dieses Reichsstifts in der Region – allein 14 Pfarreien gehörten zu ihm – war jedenfalls über lange Zeit beträchtlich.

Ehrfurchtgebietend schauen sie drein, die hochmögenden Vorsteher der Reichsabtei wie hier der 1604 gestorbene Abt Ludwig Mangoldt. | Von 1721 stammt die hochbarocke Darstellung des Klosters vor dem Beginn der Umbaumaßnahmen. | Die älteste Ansicht bietet ein Gemälde von 1624 mit den Schutzheiligen und den Stiftern Konrad und Beringer.

Spätmittelalterliche, frühbarocke und spätbarocke Bausubstanz mischen sich rund um das Kloster, und auch das 19. Jahrhundert hat Baulichkeiten beigesteuert: Prälatur, Neues Kloster, Gästehaus und ein Gebäude, das heute zum Zentrum für Psychiatrie gehört.

„Es spricht für die frühe Bedeutung des Klosters, dass schon der erste Grundriss der mittelalterlichen Kirche sehr stattlich war und sich auch nie mehr gewandelt hat." So sieht man es heute im Pfarrhaus von Bad Schussenried. Wobei Pfarrhaus übrigens eine Untertreibung ist. Der Ortsgeistliche wohnt im spätgotischen „Vorzeichen", das Abt Heinrich Österreicher 1492 vor die Kirche setzen ließ – ein wuchtiger, repräsentativer Anbau, unten Vorhalle für die Kirche, oben Prachträume für den Abt. Damit begann ein umfassender Umbau des anfangs nur der Jungfrau Maria, später dann dem beliebten Allgäuheiligen St. Magnus geweihten Gotteshauses.

Vor allem wurde die romanische Pfeilerbasilika mit einem spätgotischen Chor versehen, dem sie bis heute die ungemein schlanke Wirkung verdankt. Spätgotisch war dann auch die Ausstattung, von der sich ein paar hervorragende Stücke erhalten haben. Um die Flügel des Altars zu sehen, die Bernhard Strigel, der aus Memmingen stammende, hoch angesehene Hofmaler Kaiser Maximilians, um 1515 signierte, muss man heute nach Berlin reisen. In der Gemäldegalerie am Kulturforum unweit des Potsdamer Platzes reihen sich die vier Tafeln aus dem Marienleben – Geburt, Darstellung im Tempel, Besuch bei der Base Elisabeth und Tod inmitten der Apostel – bestens unter den vielen Glanzlichtern der Spätgotik ein.

Anderes blieb am Platz: Im Seitenschiff eine herb-hübsche Muttergottes mit Kind und Apfel, die aus der Werkstatt von Strigels Vorfahr Hans stammen soll und wohl noch vor 1450 geschaffen wurde. In der Vorhalle ein um 1480 entstandener Christophorus aus der Werkstatt des großen Ulmer Holzbildhauers Michel Erhart – mächtig, um nicht zu sagen übermächtig. Um so zarter wirkt daneben ein Marientod, der von einer begabten Schnitzerhand stammen muss – vielleicht von dem aus Memmingen stammenden und später in Biberach wirkenden Michael Zeynsler, der im frühen 16. Jahrhundert für einige feine Altäre im oberschwäbischen Raum sorgte. Die Gesichter der Apostel schwanken zwischen verstörter Erregung und stiller Trauer, dazwischen eine in sich gekehrte Gottesmutter, die schon nicht mehr von dieser Welt zu sein scheint. Eine schöne spätgotische Arbeit, und durch den künstlerisch doch stark abfallenden barocken Rahmen wird ihre Raffinesse eher noch betont.

Schätze der späten Gotik finden sich durchaus im barocken Umfeld: eine Madonna aus der Memminger Strigel-Werkstatt, ein Christophorus der Ulmer Schule und ein brillant geschnitzter Marientod, wahrscheinlich von Michael Zeynsler.

Der Blick ins Langhaus zeigt unter dem Deckengemälde von Johann Zick noch das romanische Erbe der Kirche. | Auf der seitlichen Orgelempore musizieren die Engel. | Abgedeckt sind bis auf den Totenmonat November die Schreine mit den „heiligen Leibern“ aus den Katakomben Roms. | Auf dem Gemälde eines Nebenaltars huldigen Bürger in Schussenrieder Volkstracht dem heiligen Vinzenz.

Ansonsten aber feiert der Barock hier ein Hochfest, das unbedingt ein längeres Verweilen lohnt – auch wenn man innerlich schon auf den ungleich berühmteren Bibliothekssaal gepolt sein sollte. Der kann warten, ja, er muss warten. Denn allein schon das Anschauen wert ist das Langhausfresko in dieser Kirche, die zwischen 1710 und 1745 barockisiert wurde. Es stammt von Johann Zick und erzählt in bewegten Bildern aus der Vita des um 1082 geborenen Vaters des Prämonstratenserordens, des heiligen Norbert. Der aus Xanten stammende Priester gründete im nordfranzösischen Prémontré – daher der Name – einen Orden nach der Augustinerregel, kehrte dann aber ins deutsche Reich zurück, wurde zum Bischof von Magdeburg gewählt und starb dort 1134.

Links und rechts vom Choreingang sind zwei Seitenaltäre platziert, deren Schreine man mit bemalten Holzplatten abgedeckt hat. Werden sie abgenommen, so kommen zwei der überaus kostbar mit Brokat und Schmuck verzierten „Heiligen Leiber" zum Vorschein, die genauso zu Oberschwaben gehören wie seine Kirchen. Wie viele andere Klöster war auch Schussenried um die Reliquien von Blutzeugen aus den Katakomben Roms bemüht. 1651 wurden die Überreste eines römischen Soldaten namens Vinzenz geliefert, und 1718 kamen die Reliquien eines 14-jährigen Märtyrers namens Valentin hinzu. Eine Verhüllung auf Zeit war immer vorgesehen, dafür sprechen die zeitgenössischen Deckel. Eine dauernde Zurschaustellung, die vor Jahren einmal erwogen wurde, stieß auf Widerstand. Die Konfrontation mit dem Tod ist halt nicht jedermanns Sache. So werden die Platten nun nur im November abgenommen – im Totenmonat, was ja dann auch sinnfällig ist.

Grandios in ihrer Technik, aber auch in ihrer Detailfreude sind die Schnitzereien des Chorgestühls von Georg Anton Machein – die Figürchen auf den Konsolen, die Rückseiten der Sitze mit ihren Bibelszenen sowie die Seitenwangen.

Hinreißend komponiert wirkt der Hochaltar mit seinem Gemälde einer Marienkrönung des Münchner Hofmalers Johann Kaspar Sing, über dem sich die drei gewaltigen Skulpturen des Kirchenpatrons Magnus sowie des Kirchenvaters Augustinus und erneut des heiligen Norbert erheben, geschaffen von Georg Anton Machein. Diesem Überlinger Künstler ist dann auch die Hauptattraktion des Gotteshauses zu verdanken: das Chorgestühl, eines der schönsten der Barockzeit überhaupt.
Für ein kleines Scherflein darf man nähertreten – und erschrickt. Denn dieses Meisterwerk hat erheblich gelitten, vor allem durch Wurmfraß. Einige der grazilen Figürchen büßten im Lauf der Zeit ihre Köpfe, ihre Gliedmaßen ein. Den überwältigenden Gesamteindruck kann das allerdings nicht stören. Erst 30 Jahre alt war Machein, als ihn der Auftrag des Schussenrieder Abtes Innozenz Schmid ereilte – noch recht jung für einen solchen Geniestreich. Dabei lässt sich kaum sagen, was beeindruckender ist – der geistige Reichtum des theologischen Programms oder die brillante Schnitztechnik dieses biblischen Panoptikums aus Nussbaum und Lindenholz.

„Rund 1000 Menschen- und Tierköpfe lassen sich in dem Gestühl zählen", so berichtet stolz der nette, ältere Kirchenführer, der hier Wacht hält. Die untere Zone gilt der Welt der Tiere, Pflanzen und Dämonen. Da bleckt ein hämischer Teufel seine Zähne, da windet sich ein scheußlicher Drache, und da hockt ein Affe, und macht Seifenblasen. Die Mönche wussten damals genau, was damit gemeint war – Müßiggang ist aller Laster Anfang. Aber schon in der Etage darüber stehen dann die Vorbilder für ein gottgefälliges Leben, die Heiligen und Schutzpatrone, die Märtyrer und Ordensgründer, die Seligen und Heiligen des Prämonstratenserordens. Am meisten Sorgfalt hat der Künstler allerdings auf die Gestaltung der Rückwand des Gestühls mit seinen 46 Sitzen verwendet, wo farblich heller abgesetzte Reliefs aus dem Marienleben und der Heilsgeschichte erzählen.
Zeit sollte man auf jeden Fall mitbringen, um die überschäumende Detailfreude und die ausgeklügelte Frohbotschaft dieses Werks zu genießen. Es lohnt sich.

Ein besonderer Anblick beim Verlassen der Kirche: der 1722 vollendete Orgelprospekt von Johann Georg Prestel. | Ebenfalls von Georg Anton Machein stammt der Erzengel Michael, der gerade den Teufel bezwingt. | Das Klostermuseum zeigt unter anderem Zeugnisse der Volksfrömmigkeit wie das Krippen-Jesulein, aber auch Grabdenkmäler spätmittelalterlicher Äbte oder einen barocken Tumbaleuchter.

Es lohnt sich dann aber auch, vom Seitenschiff aus noch einen Blick in das 1983 eröffnete und gut bestückte Klostermuseum zu werfen. In einem Teil des alten Kreuzgangs und der darüber liegenden Bibliothek sowie der alten oberen Sakristei eingerichtet, zeigt es unter anderem Grabdenkmäler von spätmittelalterlichen Äbten aus Stein, Gemälde zur Heilsgeschichte, Porträts , Stiche, Urkunden, Handschriften, Heiligenfiguren, Fatschenkindl, Tumbaleuchter, Prozessionsstangen, Messgewänder, Kelche, Monstranzen, Patenen... So wird bewegte Klostergeschichte durch die Jahrhunderte wieder lebendig.
Manche Stücke haben auch ihre aparte Geschichte. Da hängt eine in ihrem Hell-Dunkel recht reizvolle Anbetung der Hirten von Johann Zick, dem Meister des Deckenfreskos in St. Magnus. 1982, also kurz vor der Eröffnung des Museums, wurde es vom ebenso kunstsinnigen wie rührigen Pfarrer in einem Abstellraum entdeckt – Glück des Tüchtigen. Glaubt man sich rundum satt gesehen zu haben an dieser Kirche, so wartet immer noch ein Glanzstück: Beim Hinausgehen fällt der Blick auf den grandiosen Orgelprospekt, den der Ravensburger Bildhauer Johann Georg Prestel gestaltete – hochbarocker Zierrat vom Feinsten.
Frappant ist St. Magnus in vielem. Das Frappanteste an dieser Kirche ist allerdings, dass sie eigentlich nicht mehr existieren dürfte, dass sie – wie wir heute sagen – weggeschoben werden sollte, um einem noch größeren, noch prunkvolleren Gotteshaus mit Doppeltürmen zu weichen. Der heutige Pfarrer kann da nur fein lächeln: Man dürfe sich ja ruhig ausmalen, wie die neue Kirche an der Stelle der alten ausgesehen hätte, aber es sei ja nicht so weit gekommen... Also eigentlich ein müßiges Unterfangen.

In der Tat drohte der Abriss. Schon um 1700 hatte Abt Tiberius Mangold eine völlig neue, hochbarocke Anlage ins Auge gefasst, der nach und nach alle alten Bauten zum Opfer gefallen wären. Aber es sollten dann doch noch einmal knapp fünfzig Jahre ins Land gehen, bis das Projekt Gestalt annahm. Abt Siard I. Frick ließ sich 1748 von Dominikus Zimmermann ein hölzernes Planmodell für einen vierflügelig-symmetrischen Neubau erstellen, das heute noch existiert. Aber nicht Zimmermann durfte dann ans Werk gehen, obwohl sein eigener Sohn Thaddäus selbst Chorherr in Schussenried war, sondern der klostereigene Baumeister Jakob Emele. Unter den Äbten Magnus Kleber und Nikolaus Kloos wurde zuerst der Westtrakt hochgezogen, danach kam der Norden mit dem Bibliothekssaal dran, und dann wurde im Osten weitergemacht. Aber nach 1757 ging das Geld zur Neige. Der Bau kam zum Erliegen. Und es mutet wie ein Heraufschimmern des Endes aller Klosterherrlichkeit an, dass in den Jahrzehnten bis zur Säkularisation von 1803 die Kraft zur Vollendung des gewaltigen Repräsentationsbaus fehlte. Immense 150 000 Gulden waren zur himmlischen und zur eigenen Glorie schon verbaut.
Mehr ging nicht mehr.

Vom Licht durchflutet zeigt der Bibliothekssaal seine ganze farbliche Delikatesse. | Beim Figurenschmuck werden ketzerische Putten von Verkündern der reinen Lehre zurechtgewiesen. | Heute hilft der Computer durch das komplexe Bildprogramm des Raumes. | Schöner Schein: Die Bücherrücken sind nur auf die Schranktüren aufgemalt.

In feinem Gelb-Weiß herausgeputzt zeigt sich seit einigen Jahren das Neue Kloster. So setzt diese Fassade den eleganten Auftakt zum Erlebnis des zwischen 1754 und 1761 entstandenen Bibliothekssaals im 3. Stock. Man muss sich die Besucher anschauen, wenn sie zum ersten Mal in diesen 27 Meter langen und 14 Meter breiten Raum hineinkommen. Unwillkürlich verharren sie zunächst einmal, stumm, überwältigt. Aber nicht allein gelassen. „Papa, da steht ja ein Computer!", schallt es durch den Raum. Heute hilft die Elektronik beim Begreifen dieses überbordenden Bildprogramm, das von Experten zu den reichhaltigsten der christlichen Welt gezählt wird. Wenn man nicht mehr weiter weiß bei all dieser Fülle, kann man per Mausklick eintauchen in die Details, kann sich erzählen lassen, was geistliche Würdenträger in der Mitte des 18. Jahrhunderts von einem „Sitz der Weisheit" erwarteten, als der die Bibliotheken der Barockzeit gerne begriffen wurden.
In Schussenried wird diese Grundidee vom „Sitz der Weisheit" zum Dreh- und Angelpunkt. Dabei geht es weniger um die Bücher an sich. Die zartblauen Schränke mit den weiß-rot aufgemalten, mal dickeren, mal dünneren Folianten sind ein frommer Betrug – wahrscheinlich schon von Abt Nikolaus Kloos so angeordnet, um den farblich delikat abgestimmten Gesamteindruck des Raumes nicht durch irgendwelche schmutzigbraunen und abgegriffenen Lederbuchrücken zu stören.

Dass diese Schränke leer sind, gehört zu den Folgen der Säkularisation, die uns heute schier unfasslich erscheinen. Über 20 000 Bände hatten die Mönche im Lauf der Jahrhunderte gesammelt, darunter rund 120 wertvolle Handschriften des Mittelalters und 60 Wiegendrucke der frühen Neuzeit. Aber die böhmischen Grafen von Sternberg-Manderscheid, denen das Kloster 1803 als Entschädigung für verlorenes linksrheinisches Gebiet von Napoleons Gnaden zufiel, bemächtigten sich rüde und wohl auch instinktlos dieser Bücherschätze. 1810 ließen sie die in Jahrhunderten gewachsene und sorgsam gehütete Bibliothek „in 141 Kästen auf 35 Wagen" abführen, wie einschlägige Quellen berichten. Manches ging in anderen Bibliotheken auf, unter anderem der königlich-württembergischen in Stuttgart, manches verschwand im Antiquariatshandel, vieles wurde aber in alle Winde zerstreut. Wahrscheinlich auch zerstört. Als der neue König von Württemberg die nicht minder wertvollen Bücherschätze des ihm zugefallenen Klosters Zwiefalten abtransportieren ließ, nahmen die Kutscher etliche der dicken Bände und stopften damit die Schlaglöcher auf den holprigen Wegen...

Beliebtestes Motiv des Raumes: der fliegende Pater Kaspar Mohr. | König Ludwig XIV. empfängt den Obermarchtaler Abt Nikolaus Wierith. | Franz Georg Hermanns Deckengemälde: eine Verherrlichung der göttlichen Weisheit.

Nächste Doppelseite:
Das Neue Kloster von Norden und der Blick in die prachtvollen Räume mit einer HAP-Grieshaber-Ausstellung.

Dass sich in diesem Schussenrieder Saal alles um die göttliche Weisheit dreht, wird am höchsten Punkt des Deckengemäldes offenbart, das der Hofmaler des Fürstabts von Kempten, Franz Georg Hermann, geschaffen hat. Dort thront das Lamm der Geheimen Offenbarung des Johannes auf dem Buch mit den sieben Siegeln. Auf der einen Seite lässt Maria mit dem Kind die Menschwerdung lebendig werden, auf der anderen erinnert der gekreuzigte Christus an seinen Opfertod – alles auf einer Achse, theologisch wohl durchdacht. Darum herum gruppiert sich ein Universum, in dem Szenen aus der Bibel, aus Antike, Kirchen-, Ordens- und Wissenschaftsgeschichte ineinander übergehen, wobei der Theologie die Leitfunktion zukommt. Da diskutieren die alten Propheten, da die Apostel, da die Kirchenlehrer, da die Philosophen, da die Mediziner... Ihren Auftritt haben klassische Gestalten wie Homer, Aeneas, Cicero und Diogenes, aber auch Mönche des Mittelalters wie der große Ordensgelehrte Albertus Magnus, der Konstanzer Mystiker Heinrich Seuse und das Universalgenie Hermann der Lahme, verkrüppelter Grafensohn aus Altshausen und strahlende Leuchte des Klosters Reichenau im Bodensee.
Salomos Weisheit wird gleich zweimal belegt – mit der Geschichte von den zwei Frauen und dem toten Kind sowie mit der Geschichte vom echten und unechten Blumenstrauß. Nicht verzichten wollten die klösterlichen Auftraggeber verständlicherweise auch auf einen Beleg für die große Bedeutung der oberschwäbischen Klöster in ihrer Zeit: Da empfängt der französische Sonnenkönig Ludwig XIV. huldvoll den Obermarchtaler Prämonstratenserabt Nikolaus Wierith. Und natürlich taucht auch der berühmte Schussenrieder Pater Kaspar Mohr auf, der seit einiger Zeit ja auch über die 145-Cent-Briefmarke eines privaten Postdienstleisters flattert. Begeisterter Naturwissenschaftler, der er war, bastelte der 1625 geborene Prämonstratenser ein Fluggerät aus Gänsefedern. Als allerdings im Kloster ruchbar wurde, dass er damit aus dem dritten Stock in den Garten segeln wollte, setzte es ein Veto vom Abt. Hinter Mohr hat der ungemein detailfreudige Maler den Himmelstüftler Daedalus gemalt, der warnend den Finger hebt. Der alte Grieche wusste schließlich genau, warum solche Flugversuche gefährlich sind – sein übermütiger Sohn Ikarus war vom Firmament in den Tod gestürzt.
Um das Deckengemälde herum wird der Lobpreis der Künste gesungen, die im Kloster blühten – Malerei, Bildhauerei, Musik und Architektur. Die vier Elemente werden beschworen, die vier Kardinaltugenden verherrlicht. Und alles zusammen fügt sich schließlich zu einer übermächtigen Aussage: Nur im Glauben ist Weisheit, vor allem aber im rechten Glauben, sprich im katholischen. Nicht zuletzt war ja ein Gutteil der Prachtentfaltung der oberschwäbischen Klöster aus dem Geist der Gegenreformation zu verstehen, die – unter dem Schutzmantel des katholischen Kaiserhauses der Habsburger – dem verachteten Protestantismus des deutschen Nordens Paroli bieten wollte.

Nach dem Übergang des Klosters an das Königreich Württemberg 1851 wurde der Bibliothekssaal unter anderem auch als evangelischer Betsaal genutzt – ausgerechnet inmitten dieser mächtigen katholischen Bastion. Denn auch die Häresien hat man im Bildprogramm des Saales thematisiert: Da stehen acht hoheitsvolle Gestalten – nicht genau benannte Apostel, Kirchenlehrer oder Propheten, auf jeden Fall Verteidiger des Glaubens, wunderbar in Alabasterstuck modelliert vom Bildhauer Fidelis Sporer aus Weingarten, der in der dortigen Basilika die berühmte Kanzel geschaffen hat. Innen gegenüber versinnbildlicht je ein Pärchen von Putten die einzelnen Häresien: Muslime, Hussiten, Arianer, Freimaurer, Epikuräer, Aufklärer... Darunter sind auch zwei kleine pausbäckige Gesellen mit protestantischen Pastorenkragen, denen einer der alten Apologeten gebieterisch die Heilige Schrift der Una Sancta Catholica entgegenstreckt. Ein Bannstrahl, aber letztlich wohl doch nicht stark genug – der König von Württemberg, der hier später das Sagen hatte, war ja auch lutherischen Glaubens.

Bis zum Bau einer echten evangelischen Kirche sollte es zwar noch geraume Zeit dauern. Aber 1970 konnte dann endlich die Christuskirche eingeweiht werden, ein moderner Bau, dem die Medaillons des bekannten Glasfensterkünstlers Hans Gottfried von Stockhausen die besondere Note verleihen. Auch die katholische Kirchengemeinde hat ein Medaillon beigesteuert – die Zeiten ändern sich halt.

Umgestaltungen des Neuen Klosters waren an der Tagesordnung im 19. Jahrhundert. Einen Teil des Ostflügels riss man wieder ab. Ein Großteil des West- und Nordflügels wurde als Wohngebäude genutzt, auch als evangelische Schule. 1875 folgte dann die Gründung der Heil- und Pflegeanstalt, die erst 1950 einen neuen Namen erhielt: „Psychiatrisches Landeskrankenhaus Schussenried“, seit 1996 kurz „ZfP“ (Zentrum für Psychiatrie).
Als durch die Einschnitte im Bad Schussenrieder Kurwesen 1997 Räume frei wurden, zog sich das ZfP aus dem Neuen Kloster zurück. Aufwendige Renovierungsarbeiten folgten, die dann später auch eine ideale Nutzung für jene große Landesausstellung „Alte Klöster – Neue Herren“ möglich machten, mit der man im Jahr 2003 des Endes der geistlichen Herrschaften in Oberschwaben gedachte. Eine Gesellschaft „Neues Kloster“ wollte zwischendurch die Gebäude als modernes Dienstleistungszentrum für Tagungen etc. nutzen, was allerdings nicht von langer Dauer war. Denn für einen richtigen Tagungsbetrieb wären

Übernachtungsplätze vonnöten gewesen, aber das ließ sich in den alten denkmalgeschützten Gebäuden dann doch nicht so einfach realisieren. Dafür zog unter anderem die Kurverwaltung ein. Womit wieder einmal schlagend bewiesen wäre, dass Schussenrieder Ortsgeschichte halt auch immer Klostergeschichte ist. Schon das Rathaus von 1758 ist ein repräsentativer Bau der Barockzeit, von keinem geringeren als dem Klosterarchitekten Jakob Emele errichtet, der auch das Neue Kloster baute. Zunächst mal Kaserne, mal Untersuchungsgefängnis, wurde es von 1825 an als Schule, von 1837 an als Rathaus genutzt, und von 1907 bis 1977 war auch das Progymnasium dort untergebracht.

Im Bibliothekssaal als Ketzer verlästert: Putten im Pastoren-Habit. | Außen und innen modern: die evangelische Christuskirche. | Das katholische Gemeindezentrum befindet sich direkt neben dem Neuen Kloster. | Das Rathaus von 1758: Nicht jeder Schultes hat ein ehemaliges Klostergebäude als Amtssitz.

Café
Undelfinger

Klosterhof

ALTE APOTHEKE

Der ganze Ort spiegelt in seinen Gebäuden die Wechselwirkung von Kloster und Gemeinde. Die Kreissparkasse sitzt heute in einem schmucken Gerichts- und Gasthaus des Klosters. Eine der schönsten Apotheken des Oberlandes mit ihrem wunderschönen, geschnitzten Fenstersturz findet sich im hochmittelalterlichen Ritterhaus und späteren Vogtshaus des Klosters. Da ist ein Gasthof in einer alten Klostermühle untergebracht, dort steht noch das alte Komödienhaus des Klosters, in dem die geistlichen Herren ihrer Lust an Literatur, Theater und Musik frönten. Und ein besonders geschichtsträchtiges Bauwerk der Stadt ist auch das alte Krankenhaus, das zehn Jahre vor der Säkularisation vom letzten Abt Siard II. Berchthold gegründet wurde und bis heute diese Funktion ausübt.

Nun lässt sich mit schönen, alten Gebäuden allein keine Gemeinde umtreiben. Da musste – vor allem nach der Zäsur von 1803 – schon anderes hinzukommen. Um 1830 hatte Schussenried über 1200 Einwohner, aber es entwickelte sich stetig. 1849 wurde es an das Eisenbahnnetz der Südbahn angeschlossen, 1896 kam dann noch die Kleinbahn hinzu, liebevoll „Bähnle" genannt, die Schussenried mit Bad Buchau verband.
So nahm der Flecken durch das 19. und einen Gutteil des 20. Jahrhundert hindurch einen ähnlichen Weg wie viele andere Orte in Oberschwaben: Handel und Gewerbe in Maßen, an den Rändern auch immer noch etwas Landwirtschaft. Mit einem Unterschied: Es gab nicht nur ein bisschen Industrie wie anderswo. Schon 1837 war auf dem Klostergelände die königlich-württembergische „Wilhelmshütte" errichtet worden, die später in den „Schwäbischen Hüttenwerken GmbH" aufging und immer eine dominante Rolle im Wirtschaftsleben des Ortes spielte. Bereits 1975 errichtete sie ein Werk am Stadtrand. 1997 gab sie dann zwar ihr Gelände neben dem Kloster auf und schloss die Eisengießerei, wodurch zwischenzeitlich rund 60 Arbeitsplätze verloren gingen. Aber durch die Expansion wurde das wett gemacht. Heute fertigt man rund sechs Millionen Ölpumpen pro Jahr für die Automobilindustrie.

Besonders hübsch: die Ausleger an Wirtschaften und Geschäftshäusern. | In einem ehemaligen Gerichts- und Gasthaus des Klosters befindet sich heute die Kreissparkasse. | Die schmucke Apotheke war einst das Vogtshaus der Abtei. | Hält das Andenken an die glorreichen Eisenbahn-Zeiten wach: das Schild vor dem „Törle".

Kurklinik und Park – eine Einheit für das Wohlbefinden der Gäste. | Moor ist die schwarze Seele der oberschwäbischen Badeorte.

Auch andere Industriebetriebe kamen mit der Zeit nach Schussenried, größere und kleinere: Vor allem die Ansiedlung der Firma Liebherr, im Jahr 1954 – heute längst ein Global Player – war langfristig von großer Bedeutung. Die Brauerei Ott hat ebenfalls in den letzten Jahrzehnten dafür gesorgt, dass der Name Schussenried über die engeren Grenzen der Region hinaus zum Begriff wurde

1947 brachte eine wichtige Zäsur: Der Ort wurde Stadt. Außerdem investierte man nun alle Kraft in den Ausbau des Kurwesens. 1958 ging eine Moorbadgesellschaft an den Start. 1966 wurden die enormen Anstrengungen des Ortes für seine neuen Kureinrichtungen mit dem Titel „Bad" belohnt. Gute Jahre folgten, die Belegung der Kuranstalten durch Rentenversicherung und Krankenkassen schien auf Dauer gesichert. Man baute fleißig, Rheumaklinik, Kurparkklinik, Klinik am Wald...

Aber dann kam eine Wende. Als 1996 die Bundesversicherungsanstalt für Angestellte ihre Bettenkontingente in Bad Schussenried kündigte, gingen bis zu 150 Arbeitsplätze verloren. Später war auch die Gesundheitsreform alles andere als belegungssteigernd. Dass damit verbundene Versiegen des Stroms der Kurgäste und Patienten blieb nicht ohne Folgen. Es kamen Zeiten, da die Zahl der Übernachtungen von 500 auf kaum mehr als 150 absank, was natürlich auch den Geschäftsleuten der Stadt die Sorgenfalten auf die Stirn trieb. Schön war die Epoche gewesen, als alles nach dem bekannten Slogan ablief: morgens Fango, abends Tango. Als es in der Tat Bademeister gab, die in der Frühe die Kurgäste in die Moorwanne schickten, um sie dann nach 20 Uhr zum Tanz aufs Parkett zu bitten. Damit war Schluss. Heute gibt es weniger Kurgäste, die allein wegen des Moors hier sind und es sich nebenher auch noch gerne gut gehen lassen. Dafür kommen mehr Kranke, die in Bad Schussenried auf Linderung ihrer Leiden kommen. Aber die sollen es natürlich auch gut haben. Und für sie wird sehr viel getan.

Wie es mit Moorkuren weiter geht, lässt sich langfristig kaum sagen. Schussenried gehört zu dem Verbund von vier Bädern, die gemeinsam ihr Moor aus dem Reicher Moos bei Vogt im Kreis Ravensburg holen. Aber damit enden die Gemeinsamkeiten. Jedes Bad hat seinen eigenen Zuschnitt, seine eigenen Probleme. In Bad Schussenried ist die Einschränkung auf eine einzige Indikation, die Orthopädie, ein gewisses Hemmnis. Man täte sich leichter mit einem breiteren Spektrum. Aber so einfach ist das nicht. Eine Entwicklung in Richtung „Wellnessbad" fänden einige gut. „Moor-Wellness-Bad", würde auch ganz toll klingen. Da kommt dann ein Schultes schon mal ins Schwärmen.

Und ein Zauberwort, das vielen in der Stadt besonders süß in den Ohren klingt, gibt es auch noch: „Solebad". In 1800 Metern Tiefe soll Salzwasser in Hülle und Fülle zu finden sein, schön heiß – und schön passend zum Namen „Schussenried", der ja auf salziges Wasser anspielt. Von zwei Millionen Euro ist die Rede, die allein eine Probebohrung kosten würde, und die muss man bei dünnem Stadtsäckel erst mal aufbringen. Aber Träumen ist gut für die Seele, und manchmal werden Träume ja auch wahr.

Auch anderswo ist Licht am Horizont. Der Auszug des Zentrums für Psychiatrie aus dem Neuen Kloster hat enorme Chancen eröffnet – im Realen und im Atmosphärischen. Früher trennte eine Schranke den Klosterbezirk von der Stadt, und diese Schranke war zum Teil auch in den Köpfen. Die Heilpflegestätte, deren geschlossene Abteilung bis kurz vor den Bibliothekssaal reichte, schien eher eine Welt für sich zu sein – die Identifikation mit der Kommune hielt sich in Grenzen, sagen alte Schussenrieder.

Heute ist diese Schranke gefallen. Zwischen Stadt und Kloster erstreckt sich eine Parkpromenade, die nicht nur den Blick auf die historischen Gebäude frei gibt, sondern auch den Weg dorthin. Das sorgt für Offenheit. Vielleicht wird das Gelände neben dem Kloster irgendwann einmal ganz neuen Zwecken zugeführt und in einem neuen generösen Innenstadt-Gesamtkonzept aufgehen. Perspektiven sind dazu da, dass man sich über sie den Kopf zerbricht.

farenzug
eusen
Ber

Schon Tradition beim Magnusfest: Der Fanfarenzug Altshausen eröffnet den großen Umzug. | Für die kleinen Lotto-Feen ein Höhepunkt im Jahr: das Mitmarschieren am „Mangentag“.

Im Feiern ganz groß

Tiefste Provinz – so wird immer wieder schnell argumentiert, wenn Reingschmeckte eine ihnen nicht so gut bekannte Kulturszene begutachten. Das passiert auch Orten wie Bad Schussenried. Natürlich spielt anderswo die Musik lauter, geht die Kultur elitärer und spektakulärer über die Bühne. Aber das muss erstens nicht immer nur ein Vorteil sein, und zweitens kann sich das Oberland im Vergleich durchaus hören und sehen lassen – vor allem wegen seines hochrangigen Erbes, das in Jahrhunderten gewachsen ist. Auch Bad Schussenried ist ein Teil dieses barocken Gesamtkunstwerks, als das sich Oberschwaben präsentiert. Und dieses Erbe wird gepflegt – nicht immer so schnell und umfassend, wie es sich die Stadtoberen und die Einwohner wünschen würden. Auch hier schwären noch offene Wunden. Zum Beispiel neben dem Kloster, wo man gerne jene denkmalgeschützten Mauern restauriert sähe, die sich nach dem Schleifen der alten Gebäude der Schwäbischen Hüttenwerke noch hässlicher darbieten als vorher. Aber vielleicht wird sich das auch irgendwann lösen lassen.

STAATLICHE SCHLÖSSER UND GÄRTEN

Prachtvoll präsentieren sich die renovierten Flure des Neuen Klosters, welches heute von den Staatlichen Schlössern und Gärten Baden-Württemberg betreut wird (www.schloesser-und-gaerten.de). | Eine Malschule mit hohem Anspruch ist in das Alte Kloster eingezogen. | Ausstellungen sind das Hauptaugenmerk bei der Nutzung des Neuen Klosters.

Vieles ist schon geschehen. Die barocken Klostergebäude stehen seit einigen Jahren in bewundernswertem Zustand da. Vorbei die Zeiten, da man in einer Ecke des Nordflügels – unter verblassenden Deckengemälden und an verschlossenen Räumen vorbei – zum Bibliothekssaal hochsteigen musste. Heute lädt das schmucke Hauptportal großzügig zum Eintritt, zum Flanieren durch lichte Gänge und Treppenhäuser. Aber solche Räume schreien dann auch nach sinnvoller Nutzung. Nachdem die vom Zentrum für Psychiatrie, Landkreis und Stadt getragene GmbH „Neues Kloster“ nicht reüssierte und wieder liquidiert wurde, sieht sich das Land Baden-Württemberg als Eigner in der Pflicht. So sprechen heute die Staatlichen Schlösser und Gärten Baden-Württemberg ein gewichtiges Wort mit. In Ulm sitzt die Schaltstelle, die für ein Bespielen des Hauses sorgen muss. Einerseits will man das Ensemble in seinem Charakter bewahren, andererseits mit Leben füllen.
Natürlich bieten sich Ausstellungen an. So kann man jetzt auch schon auf eine ganze Serie zurückblicken. Auch neue Dauerpräsentationen finden sich: Zwei Info-Räume spiegeln die Geschichte des Prämonstratenserklosters. Außerdem wurde eine Abt- und Chorherren-Galerie eingerichtet, die mit jenen hochmögenden geistlichen Herren bekannt macht, die einst die Geschicke der Reichsabtei lenkten.
Schließlich hat das Ulmer Büro auch erste Schritte auf dem Veranstaltungssektor gemacht, um das Klostergelände sinnvoll zu nutzen. So öffnete man die Tore schon für eine Gartenmesse. Zudem wird das Kloster bei der „Kulturnacht“ miteinbezogen und bietet Kunstgenuss im stilechten barocken Ambiente.

Wenn auf einer Internetseite die Kapitel „Schwädds“, „Mir iiber ons“ und „Saddsong“ heißen, dann drängt sich eine Lösung auf: Hier geht es um Schwäbisch als Forschungsgebiet. 1999 zog das Zentrale Mundartarchiv der Mundartgesellschaft Württemberg e.V. ins Neue Kloster ein. Die zweite Einrichtung dieser Art in Deutschland bietet eine Bibliothek mit rund 6000 Werken – Büchern, Kassetten, Disketten, Videos, Schallplatten, Plakaten, Zeitschriften...
Dabei ist zwar Material zu allen deutschen Dialekten zu finden, speziell zur Mundartdichtung, aber im Mittelpunkt steht natürlich das Schwäbische, was auch schon zur Gründung eines Vereins „Schwäbischer Dialekt e.V.“ geführt hat. Kurz: Wer also wissen will, wie der Unterländer Städter im Verhältnis zum Oberländer Bauer spricht, der ist dort gut aufgehoben.

Im Kloster zugange ist zudem ein Oberschwäbisches Creatives Centrum – allerdings im alten spätgotischen Teil, aber auch der muss ja sinnvoll genutzt werden. Angesprochen sind Jung und Alt, wobei man sich vor allem den Traditionen des Bauhauses verpflichtet weiß. Nicht irgendeine Hobbymalerei soll hier vermittelt werden, es geht vielmehr um ein niveauvolles, ernsthaftes Schulen der kreativen Kräfte.

Schon mehrfach wurde vor dem Kloster das Rad um rund 700 Jahre zurückgedreht. Mittelalter-Spektakel sind seit einigen Jahren ein Renner, nun auch in Bad Schussenried. Da treffen sich dann Burgherren, Edelfräulein, Ritter, Herolde, Bogenschützen und Knappen, Kaufleute, Handwerker, Marketenderinnen, Narren, Bader, Feuerspucker und Gaukler auf dem Klostergelände. Und da wird gehauen und gestochen, gehandelt und gefeilscht, gesungen und getanzt, dass es eine wahre Lust ist. Rund 1000 Darsteller und 250 Zelte, Stände und Buden kommen schon zusammen, und die Schussenrieder Jugend hat für einige Tage Gesprächsstoff genug. „Hosch dr au a Bluetegel uff de Arm setze losse?", fragt ein Knirps den anderen. Vielleicht wäre dieser Spaß in manchem Tümpel um Schussenried herum billiger zu haben – aber nicht von einem zerlumpten Quacksalber aus dem Mittelalter, bei dem einem so richtig der Schauder über den Rücken läuft.

Wenn Ritter in vollem Harnisch aufeinander prallen, wenn sich allerlei wildes Volk im Klosterhof herumtreibt, wenn die Dudelsäcke pfeifen und die Lagerfeuer knistern, dann ist wieder einmal das Mittelalter angesagt.

Ein Unikum weltweit: das Bierkrug-Museum über der Brauereigaststätte. | Die Feuerwehr hat ihre eigene Abteilung. | Auch Reservisten ließen sich spezielle Bierkrüge machen. | Kostbare Stücke aus Gold, Silber und Elfenbein zeugen vom Kunstsinn unserer Altvorderen. | Manche Krüge – das Prachtexemplar links stammt aus Mettlach – fassen gleich mehrere Liter. | Ein besonderes Kabinett gilt der Braukunst der Mönche.

Wer kurz stutzt, wenn er von einem „Bierkrugmuseum“ hört, ist selbst schuld. Mit dieser Einrichtung der großen ortsansässigen Brauerei hat Bad Schussenried ein – wie man heute so gerne sagt – Alleinstellungsmerkmal. Sprich: Es war das erste überhaupt, hat zumindest in deutschen Landen nichts Vergleichbares, zieht die Leute in hellen Scharen und ganzen Busladungen an, ist selbst in USA ein Begriff. Und das Schönste dabei: Es hat dieses Aufsehen wirklich verdient. Die Idee stimmt, die Didaktik, die Präsentation, vor allem aber das Ausstellungsgut. Denn Brauerei-Seniorchef Jürgen Ott hat keine Mittel gescheut, Bierkrüge aus allen Epochen zu besorgen. So wächst diesem Museum letztlich eine kulturhistorische Dimension zu, die man auf den ersten Augenblick nicht erwarten kann. Ein Bierkrug ist halt nicht nur so ein Ding mit Deckel und Henkel, aus dem man Bier trinkt. Ein Bierkrug spiegelt Geschichte und Geschichten, Mode und Marotten, Zeitgeschehen und Zeitkritik.

Natürlich wird die regionale Karte gespielt. Schon mal was von einem „Suppenbrunzer“ gehört? So nennt man Glaskugeln mit dem Heiligen Geist in Gestalt einer Taube. Sie hingen über dem Tisch, und wenn dann das Kondenswasser vom heißen Essen wieder zurücktropfte... Kurz was zum Lachen zwischen all dem Staunen. Denn bei dieser Ansammlung von Krügen aus fünf Jahrhunderte im geschmackvoll arrangierten Tennenboden des ehemaligen Brauhauses über der heutigen Brauwirtschaft ist wirkliches Erstaunliches zu entdecken. Es gab Krüge aus Gold, Silber und Zinn, aus Steinzeug, Glas und Marmor, aus Fayence, Elfenbein und Leder, aus Serpentin, Kokosnuss und Ebenholz. Berühmte Orte der Krugproduktion durch die Jahrhunderte waren Meißen, Siegburg, Annaberg, Schrezheim und Mettlach, wobei meist jede Region ihr besonderes Material, ihre besondere Farbe und ihre besondere Note einbrachte.

Man erlebt, wie die Töpfer ihrer Fantasie die Zügel schießen ließen, wenn es um die Form ging. Da gibt es den finsteren Totenkopf und den fidelen Schwarzen, den rundlichen Mönch und die freundliche Nonne. Auch aus Schwein, Fuchs, Hase und Katze ließ sich trefflich trinken. Und was uns diese Krüge mit ihren Bildern und Inschriften über das 19. Jahrhundert zwischen Befreiungskriegen und Gründerjahren erzählen, ist enorm. Die Soldaten hatten ihre Krüge, die Reservisten, die Kegler, die Turner, die Studenten, die Feuerwehrmänner...

Eine besondere Spielart des Bierkrugs arbeitete mit der „Lithophanie“. So nannte man in den Boden eingearbeitete schwarz-weiße Bilder, die nur zu sehen waren, wenn das Bier zur Neige ging. Hielt man den Krug gegen das Licht, so tauchte etwa ein Jäger auf der Pirsch auf, ein trautes Pärchen auf der Ofenbank oder ein Bauer beim Pflügen. Bekanntlich gab es da auch sehr pikante Motive, aber nicht in dieser Sammlung. Man ist hier zünftig, nicht zotig.
Allenfalls wird durchaus deutlich, dass der Umgang mit Maß und Übermaß eher etwas für Mannsleute war. So findet sich auch die drastisch illustrierte Sentenz: „Ein weiser Mann sucht immerfort, schon vor dem Suff für Heimtransport.“ Aber das heißt nicht, dass Frauen kein Bier getrunken hätten. Auch die Dame von Welt frönte dem Gerstensaft – allerdings war ihr Bierkrug rosa.

Ein Kutschenmuseum hat auch nicht jede Stadt. Aber bei der enormen Begeisterung für Pferde kann es dann doch nicht verwundern, dass gerade in Bad Schussenried aus einer privaten Initiative heraus eine bemerkenswerte Sammlung zusammenkam. Ein bisschen kühl und feucht ist es schon im alten Gewölbekeller des ehemaligen Oberen Bräuhauses mit seinen langen Gängen, in denen einst das Bier des Klosters lagerte. Aber die Parade der Kutschen von 1860 bis zur Jetztzeit, die die Familie Mayerföls zusammenholte, nimmt schnell gefangen.

Wobei der staunende Besucher bald merkt, dass Kutsche beileibe nicht gleich Kutsche ist: Da gibt es den robusten Postwagen mit Kofferaufbauten und den vornehmen Glaslandauer, die Jagdkutsche und den Bäckerwagen, die Barouchette und den Road-Coach, den Zigeunerwagen und die Droschke, den lustigen Kinder-Gig und das elegante Coupé. Puppen posieren daneben im jeweilig passenden Kostüm, und Pokale, Signalhörner, Zaumzeug, Kinderspielsachen, Hutschachteln, alte Stiche und Zeitungsausschnitte in den Vitrinen lassen eine Zeit lebendig werden, die unserer Auto-Gesellschaft weiter entfernt erscheint, als sie es in Wirklichkeit ist. Gemächlicher ging es damals allemal zu.

Auch der Schussenrieder Pferdemarkt ist noch nicht gar so alt. Anfangs der achtziger Jahre standen zum ersten Mal über hundert Rösser im Hof der Brauerei, feilschten Händler aus dem ganzen Land und staunten Tausende von Besuchern über Kaltblüter und Sportpferde, aber auch Ponys und sogar Esel. Seither gehört diese Attraktion einfach zum Jahr dazu, verbunden mit dem Weihnachtsmarkt – doch mit einer besonderen Note. Da schaut man dem Gaul noch ins Maul, da wird in einem Fachjargon gefachsimpelt, dass der Normalbürger gleich gar nichts mehr versteht, da setzt es Batsch auf Batsch, wenn ein Kauf getätigt ist – und wird auch nur einfach geschwätzt, weil halt wieder Pferdemarkt ist.

Stimmungsvoll reihen sich die Kutschen in den Gewölben des früheren Bierlagers des Klosters. | Selbst Kinder hatten ihr eigenes Gefährt. | Schauen, Schätzen, Fachsimpeln, Handeln, Kaufen – hoch geht es her beim Schussenrieder Pferdemarkt im Hof der Brauerei Ott.

Der Brauer, der Vorsitzende des Handels- und Gewerbevereins, der Pfarrer, der Schultes... alle sind auf den Beinen beim Fuhrmannstag. | An Gespannen aller Art ist kein Mangel: mit Geißen und Gäulen, mit Warm- und Kaltblütern, und selbst ein paar Ochsen trotten mit.

Frage: Warum hängt ein Dachsfell an einem Pferdekummet? Antwort: Weil es bei warmer Witterung die Fliegen vertreibt. Wer so etwas lernen will, ist beim Schussenrieder Fuhrmannstag gut aufgehoben. Unter den Festumzügen des Oberlandes ist dieser Fuhrmannstag sicher einer der jüngsten, aber auch einer der originellsten, was seine Entstehung angeht. Da saßen Brauer Jürgen Ott, Pferdenarr Franz Mayerföls und Freunde am 3. Oktober 1997, also am Nationalfeiertag, zusammen.
Es regnete, man redete von Politik, vom Osten, von Vertreibung, von Flucht aus Ostpreußen auf dem Pferdewagen – und plötzlich war die Idee für einen „Fuhrmannstag" geboren.
Mit rund 50 Gespannen begann es. Heute kommen 100 und mehr Anfang Oktober nach Schussenried – aus Oberschwaben, aber auch von weiter her, aus dem Schwarzwald, aus Bayern, Österreich und der Schweiz – und ziehen mittlerweile bis zu 15 000 Besucher an.
Da ist dann alles vertreten, was früher auf vier Rädern unterwegs war: Erntewagen und Löschwagen, Postkutschen und Hochzeitskutschen, Landauer und Chaisen, alte Mähdrescher und Balkenmäher, Milchwagen und Langholzwagen – und das alles hat aber keinen Anstrich von abgestandener Nostalgie. Es ist ein Fest, bei dem man ganz einfach an Traditionen erinnert, die früher zum Leben auf dem Land gehörten. Und urig zugehen darf's dabei ja auch.

„Geh aus, mein Herz, und suche Freud“. Die Schussenrieder singen das schöne Lied von Paul Gerhardt mit Inbrunst gegen Ende ihres „Mangenfestes“ im September. Und dabei haben sie doch ihre Freude zuvor ja schon gefunden – so vergnügt, wie sie sich geben über drei Tage hinweg. Was sich hier im Lauf der letzten Jahrzehnte entwickelt hat, gehört zum Reigen der großen oberschwäbischen Feste – und hat doch seine besondere Note. Zunächst gab es da den Namenstag jenes heiligen Magnus, der im 8. Jahrhundert im Allgäu wirkte und den man bei Prozessionen gegen jedwedes Gewürm auf den Feldern anrief. Seine Verehrung hielt sich über Jahrhunderte hinweg, und auch nach dem Zweiten Weltkrieg wurde die alte religiöse Tradition wieder aufgenommen. Gleichzeitig feierte man wie überall im Oberland ein Kinderfest. 1975 wurde beides zusammengelegt – ein weiser Entschluss. Heimatstunde, Kirchgang der Vereine, Tagwache, Jungbürgerfeier, Magnusmarkt – mittlerweile allesamt feste Rituale im Festreigen. Und dann kommt am Mangenmontag noch der imposante Festumzug mit seinen rund 2000 Teilnehmern, seinen Musikkapellen, Reitern, Wagen und Gespannen hinzu. Aber das Netteste bei diesem Lindwurm, der sich über eine Stunde durch das Städtchen schlängelt, sind die Kinder – ob größer oder kleiner, ob als Gänseblümchen verkleidet oder als sieben Zwerge, als Dorfmetzger oder Primaballerinen, als Römer oder Elfen. Ihr Fest ist es, ihre Augen leuchten, ihre Hände winken in die Menge, die sich entlang der Straßen aufgestellt hat. „Des mueß mr doch oifach gsäh hau“, sagt ein rüstiger Sechziger aus Steinhausen strahlend am Straßenrand. Er sieht es seit Jahrzehnten. Und er wird es immer wieder sehen wollen, solange es noch irgendwie geht.

Der Umzug am Magnustag ist das Nonplusultra im Jahresablauf, zünftig begleitet vom Fanfarenzug der Stadt und allerlei Volk. | In ihrem Element: eine Schar kleiner Maler Klecksel. | Gruppen in historischen Kostümen aus der Stadt und dem Umland bringen immer wieder Farbe ins Bild.

Auf ihre klösterliche Vergangenheit sind die Schussenrieder ja zu Recht mächtig stolz. Aber in einem Punkt fahren sie heute entschieden besser: Mit der Fastnacht hatten die gestrengen Äbte herzlich wenig im Sinn und gaben das auch immer wieder zu Protokoll. 1688 kam Abt Augustin Arzet in Harnisch, weil sich junge Dorfburschen an den Fasnetstagen mit Soldaten prügelten, 1692 verbot Abt Tiberius Mangold erbost die wilden Trinkgelage, 1726 trieb Abt Didakus Ströbele den armen Schussenriedern rigoros das Tanzen aus... Aber zumindest wird durch solche Zitate aus den Klosterannalen klar, wie lange man hier schon Fasnet gefeiert hat. Und was noch schöner ist: Sie hat sich gehalten bis ins 21. Jahrhundert, über Hungerjahre und Weltkriege hinweg. Wer sich heute am Gumpigen Donnerstag zum Törle aufmacht, wo sich die Scharen der Hemdglonker versammeln und wo von der Tribüne aus der Beginn der närrischen Tage bejubelt wird, der kann miterleben, wie lebendig diese Fastnacht ist. Sehr alt sind die Masken und die Bräuche zwar alle nicht – wie vielerorts im Oberland, wo man sich aus den verschiedensten Traditionen für die tollen Tage bedient. Aber wenn sie sich dann aufmachen, die Hexen, Riedmeckeler, Riedteufel, Hurgler, Rauchhäusler und goldenen Putten, dann hat das was. Und das scheint irgendwie von ganz drinnen zu kommen – ein Bedürfnis, mal aus der eigenen Haut zu fahren, ganz einfach fröhlich zu sein und Schabernack zu treiben. Den langen Rest des Jahres über ist das Leben streng genug.

Wenn die Hexen durch die Stadt hatzen, hat die Fasnetszeit begonnen. | Ausgelassene Musik ist die Domäne der Schalmeien. | Hurgler, Riedmeckeler, Rauchhäusler sind einige der Masken, die das Gesicht der Schussenrieder Fastnacht ausmachen. | Ohne Prinzengarde geht gar nichts. | Hemdglonker machen sich abends in den Gassen breit.

Längst ein Großereignis im Leben der Stadt: die „Tour de Barock“ mit unzähligen Radfahrern. | Weltmeisterehren gab es schon mehrfach für Kunstradfahrer aus Bad Schussenried. So etwas verpflichtet bis heute. | Die Stadtkapelle gehört zu den Stützen des Vereinslebens. | Modernste Bauten finden sich im Schulzentrum, das jetzt oft genug auch über Mittag Heim für die Schüler ist.

Nächste Doppelseite:
Kraft und Geschicklichkeit paaren sich beim Kutschenrennen. | Auch eine beliebte Sportart in der Stadt: das Bogenschießen.

Sport, Spiel, Geselligkeit – Psychologen werden nicht müde, das hohe Lied einer sinnvollen Freizeitplanung als Heilmittel gegen den Alltagsstress zu singen. Dafür sorgen vor allem Vereine – auch in Bad Schussenried. Auf knapp 80 kommt man in Stadt, Stadtteilen und Ortschaften. Jeder hat seine besondere Note, ob die Stadtmusik oder der Fanfarenzug, der Schwäbische Eisenbahnverein oder der Sportfischerclub, der Liederkranz oder der Posaunenchor, der Billardclub oder die Kolpingfamilie, der Verein Skilanglaufloipe oder das Jugendcafé, der Schäferhundeverein oder die Bogenschützen – fast ist es unfair, irgendwelche herauszugreifen.
Auf manchen Gebieten ist der Ort allerdings besonders aktiv. Allüberall stehen die Pferde, vor dem Ort, hinter dem Ort, im Ort. Die Liebe zum Pferd muss den Schussenriedern irgendwie im Blut liegen, was sich etwa am Reit- und Fahrverein ablesen lässt. Spürbar ist diese Begeisterung bei all den großen Festen, aber auch beim Fahrturnier, beim Reitsport, beim Planwagenfahren. Über den Pferdesport geht ihnen kaum etwas.
Allenfalls noch der Radsport. Hier hat das Städtchen mit seinem einschlägigen Verein ein Renommee, das ihm kein anderer Ort im Oberland streitig machen kann. Das Kunstradfahren wird nirgendwo so begeistert betrieben wie hier. Große Namen der letzten Jahrzehnte, als die Familie Heimpel einige Weltmeistertitel nach Bad Schussenried holte, hallen bis heute nach und spornen den Nachwuchs an. Ein anderer Name hat ebenso bis heute ein enormes Gewicht: Rolf Gölz, erfolgreicher Radprofi der neunziger Jahre, Silber- und Bronzemedaillengewinner bei den Olympischen Spielen von 1994 und zweimaliger Etappensieger bei der Tour de France. Da leuchten die Augen immer noch. Und mit Sicherheit wären „Tour de Barock“, „Radmarathon“ oder „Radtreff“, die Schussenrieder Sport-Events für Tausende, keine Erfolgsgeschichten, hätte es nicht solche Vorbilder gegeben.

Bleibt der kurze Blick auf die Jugend, ohne die auch Vereine keinen Nachwuchs hätten. Ihr eine gute Ausbildung zu garantieren, lässt sich die Kommune angelegen sein – Investitionen in Höhe von mehreren Millionen standen in den letzten Jahren an. Grund- und Hauptschule, Jakob-Emele-Realschule und Progymnasium haben heute rund 1050 Schüler. Ganztagsbetreuung ist derzeit das große Thema. Die Stadt hat auch hierauf schon reagiert und mit viel Aufwand die Voraussetzungen geschaffen.

LMT

Hightech in der Idylle

Das „Bad“ im Namen sagt es. Bad Schussenried definiert sich zu einem Gutteil über seinen Kurbetrieb, den es durch all die Untiefen der letzten Jahre zu steuern galt. Dazu passen auch die Anstrengungen, die man auf dem Gebiet des Tourismus unternimmt, um auf einem engen Markt zu punkten. Das kulturelle Angebot hilft dabei – vom Klosterareal für Kunstsinnige bis hin zu den Konzerten für Musikliebhaber. Und die schöne Landschaft ist ebenso ein Talent, mit dem man touristisch wuchern kann. Aber auch darüberhinaus ist das Spektrum der Stadt bei Handel, Gewerbe und Dienstleistungen sehr breit. Nehmen wir nur einmal das Zentrum für Psychiatrie, das – heute im Verbund mit den Zentren von Zwiefalten und der Weißenau – psychisch Kranke im ganzen Oberland betreut. Über 300 Krankenhausbetten und rund 200 Plätze in Wohn- und Pflegeheimen stehen allein in Bad Schussenried bereit, und 850 Personen finden hier Arbeit. Dazu treten schließlich noch Industriesektoren, die man in einem oberschwäbischen Kurstädtchen gar nicht gleich vermuten würde. Hier einige Steine aus diesem Kaleidoskop.

Bei Liebherr geht es rund – schließlich soll hier einmal ein Betonmischer entstehen. | Tradition ist Ehrensache: Im Hof der Brauerei Ott reckt sich ein Zunftbaum mit Auslegern aller Art in den Himmel.

„Und du blühst auf". Einen hübschen Slogan hat sich das Gesundheitszentrum für die Werbung in eigener Sache ausgesucht – Versprechen und Verpflichtung zugleich. Dass die Gäste der Stadt in der Tat dann aufblühen, ist das Anliegen von 120 Mitarbeitern, die auch in schwierigeren Zeiten ihr Möglichstes tun.

Was wird angeboten? Im Blickpunkt steht natürlich das Moor, das schließlich aus Orten im Oberland wie Schussenried Badestädtchen gemacht hat. Nach den Eiszeiten vor über 20 000 Jahren durch das Verlanden von Seen entstanden, gilt es als hochwirksames Naturheilmittel. Durch seine enorme Kraft zur Wärmespeicherung gibt es diese Wärme nur sehr langsam an den Körper ab. Das allmähliche Ansteigen der Temperatur führt zu Wohlbefinden und stärkt die Abwehr- und die Selbstheilungskräfte. Diese Heilkraft wird in Bad Schussenried kombiniert mit klassischen Behandlungsformen der balneo-physikalischen Therapie, aber vor allem auch Methoden der modernen Rehabilitationsmedizin. Ist einmal ein spezieller Therapieplan aufgestellt, steht das ganze breitgefächerte Angebot zur Verfügung: Krankengymnastik, Massagen, Ergotherapie, therapeutisches Klettern, Kneipp-Kuren, Bäder, Akupunktur, psychologische Betreuung...

Angesprochen sind dabei Patienten mit verschleißbedingten und entzündlichen Erkrankungen des Skelettsystems sowie mit Fehlbildungen des Bewegungsapparats. Folgen von Operationen an Knochen, Gelenken und der Wirbelsäule, von Unfall-, Arbeits- und Sportverletzungen, von Amputationen, Osteoporose oder Rheuma können hier auskuriert werden. Dazu kommen eine Reihe von Anschlussheilbehandlungen bei Rheuma, Operations- und Unfallfolgen sowie von bösartigen Erkrankungen an den Bewegungsorganen. Nicht zuletzt bietet das Gesundheitszentrum aber auch eine Reihe von attraktiven Angeboten für Kurzaufenthalte oder ganze Gesundheitswochen, die schlichtweg der Entspannung und der Erholung dienen sollen. Untergebracht sind die Patienten oder Gäste in Einzelzimmern mit modernem Komfort. Für die Freizeitgestaltung ist gesorgt – vom Billard bis zum Nordic Walking. Und dass auch die städtische Kurverwaltung sich etwas an Veranstaltungen einfallen lässt, versteht sich von selbst.

Gesundheitszentrum Bad Schussenried GmbH

Entspannung ist alles – und im Kurpark fängt sie an. | Auf die Heilkraft des Wassers setzt man auch in Bad Schussenried. | Moderne Klinikbauten sollen die Bedingungen schaffen für den Kurerfolg.

SCHUSSENRIEDER®
Spitzen-Bier vom Land.

Bierbrauereien gibt es einige in der Region. Aber die in Bad Schussenried ist doch etwas besonderes. Nicht nur weil sie vor Jahren mit ihrem Werbespruch für Furore sorgte. „Unser täglich Ott“ war schlichtweg originell, jedoch nicht nach dem Geschmack aller Oberschwaben. Dafür kamen aber immer mehr auf den Geschmack dieses Bieres. Brauerei-Seniorchef Jürgen Ott sorgte dafür, dass sein Bier im wahrsten Sinn des Wortes in aller Munde war. Der Umsatz nahm ständig zu – und der Erfindungsreichtum auch. 1994 richtete der Brauer Deutschlands erstes und bislang auch einziges Bierkrugmuseum ein, das mittlerweile schon über 100 000 Gäste aus aller Welt angelockt hat. Weil es sich dabei vor allem um „Trinkkultur aus fünf Jahrhunderten“ handelt, ist es in diesem Buch auch im Kapitel über das kulturelle Angebot der Stadt zu finden.

Aber da Bierbrauen ja viel mit liebgewordenen Traditionen zu tun hat, wurde auch die alte Sitte eines Brauereigasthofes wiederbelebt. Da gehört eine zünftige Brotzeitstube mit Vesper und frisch gezapftem Bier dazu, aber natürlich auch ein schattiger Biergarten für laue Sommerabende. Führungen durch die Brauerei mit ihrem alten Gewölbekeller sind eine weitere Attraktion. Aber vor allem nennt die Familie Ott – Bierbrauer auf diesem Haus in der vierten Generation, jetzt ist Michael Ott dran – ihr Unternehmen heute eine Erlebnisbrauerei. Und das hat seinen guten Grund: Schon seit Jahren floriert der Bierkrug-Stadel mit Platz für 350 Personen, der für die verschiedensten Veranstaltungen eingerichtet wurde – vom Bauerntheater über das Mundartkabarett bis zu volkstümlichen Sendungen im Fernsehen. Wer einmal den drittgrößten Bergkristall der Welt mit dem Gewicht von einer Tonne – vor ein paar Jahren Namensgeber für das neue Weizenbier – anschauen will, ist bei Ott an der richtigen Adresse. Zudem pflanzte der Braumeister vor dem Sudhaus einen Hopfengarten, ein Maibaum mit urigen Wirtshausauslegern steht auch da, und wer im Sommer einmal abends am Bierzelt der Brauerei auf dem Gelände vor der Klostermauer vorbeiläuft und Lachsalven aus nahezu 1000 Kehlen hört, der ist beim Schussenrieder Humorfestival gelandet. Auftritte von Kultgruppen wie „Hannes und der Bürgermeister“ locken Leute aus dem ganzen Oberland an.

Ein besonders buntes Innenleben hat die Brauerei Ott: Im Bierkrug-Stadel geht Kleinkunst über die Bühne. | In der Abfüllanlage reiht sich Bügelflasche an Bügelflasche. | Ein schöner, schattiger Biergarten gehört natürlich auch dazu. | Wer Edelsteine mag, kann hier einen riesigen Bergkristall bewundern. | Brauereigasthof und Bierkrug-Museum sind eine zünftige Einheit.

Um Betonmischer dreht sich alles bei Liebherr. | Die Fertigungshallen umfassen heute ein riesiges Areal. | An optisch reizvollen Ausblicken ist beim Rundgang kein Mangel.

LIEBHERR

Betonmischer gehören überall zum Straßenbild. Gehäuft treten sie allerdings sehr oft in Bad Schussenried auf. Mal größer, mal kleiner, mal mehr, mal weniger bunt. Die Erklärung ist einfach: Mit der Firma Liebherr beherbergt das Städtchen einen der größten Hersteller von Produkten für die Herstellung und den Transport von Beton. 1954 wurde der Standort als Werk Nr. 5 der in Oberschwaben beheimateten, heute aber international tätigen Liebherr-Gruppe gegründet, hat also mehr als 50 Jahre Erfahrung auf diesem Spezialgebiet. Im Programm sind Fahrmischer in verschiedenen Ausführungen mit Trommelgrößen von 5 bis 15 Kubikmeter sowie eigens entwickelte Förderbänder für diese Fahrmischer. Dazu kommen verschiedene Typen von Mischanlagen mit einer Ausstoßleistung von 30 bis 240 Kubikmetern Festbeton. Außerdem werden mobile Betonmischanlagen für den temporären Einsatz auf Baustellen hergestellt sowie Recyclinganlagen für Restbeton.

Die geistlichen Herrschaften haben nach ihrer Auflösung 1803 die unterschiedlichsten Entwicklungen genommen, wobei die Schussenrieder Geschichte eine ganz besondere ist: Weil König Wilhelm I. Oberschwaben durch den Aufbau einer Eisenindustrie zu Wohlstand verhelfen wollte, wurde 1840 auf dem Klostergelände ein Hochofen angeblasen: Die „Wilhelmshütte" nahm ihren Betrieb auf. Bald wurden Gusswaren hergestellt – vom Herdring bis zur Pflugschar. Aber dann kam die Erfindung des Autos. Damit schlug das seit 1921 als „Schwäbische Hüttenwerke GmbH" (SHW) firmierende Unternehmen an seinem Schussenrieder Standort eine Richtung ein, die es dann in der Endkonsequenz zum Marktführer auf einem heiß umkämpften Markt werden ließ. 1978 wurden die ersten Hydraulikpumpen hergestellt, heute sind es rund sechs Millionen Pumpen jährlich – Spitze in Europa!

Ein solcher Erfolg kommt nicht von ungefähr: Intensive Forschung und Entwicklung haben zu einem breiten Spektrum von effizienten Lösungen geführt. Ölpumpen aus Bad Schussenried arbeiten in Personenwagen, Nutz- und Sonderfahrzeugen, in Schiffen, Flugzeugen und Hubschraubern, in industriell eingesetzten Motoren und Getrieben... Und in dieser Vorreiterrolle fühlt sich die SHW Automotive, wie sie heute heißt, sehr wohl.

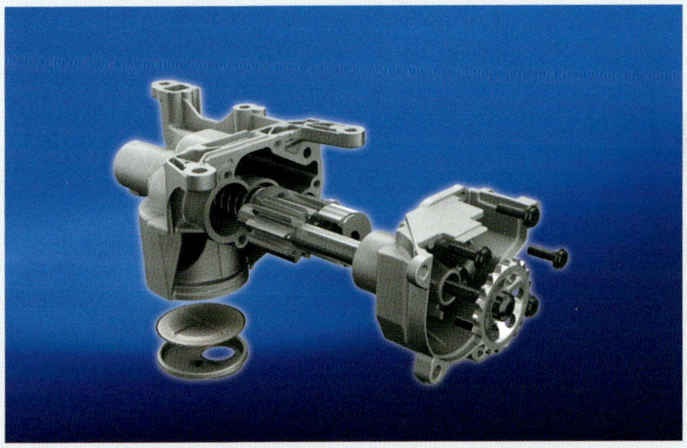

Seit 1975 am Ortsrand von Bad Schussenried: die Schwäbischen Hüttenwerke. | Modernste Maschinen sorgen bei „SHW Automotive" für eine reibungslose Produktion. | Ölpumpen sind das A und O, und die Stückzahlen pro Tag steigen weiter an.

Am Anfang stand ein besonders schönes Handwerk. Denn die Firma Ruez wurde 1804 durch den gelernten Orgelpfeifenmacher Xaver Ruez gegründet. Orgelpfeifen werden aus Blech gemacht, und so war die Blechbearbeitung immer Grundlage für das zu Beginn noch rein handwerklich arbeitende Unternehmen. Später richtete man dann das Augenmerk zusehends auf die Entwicklung von Sägemehlöfen, Papierverbrennern und Heizöltanks, die man im eigenen Betrieb serienmäßig herstellte und verkaufte. Die tägliche Produktionskapazität erreichte 200 Heizöltanks. Hiermit war der Grundstein zum ältesten Produktionsbetrieb in Bad Schussenried gelegt. Mit der Geschäftsübergabe an den heutigen Inhaber und Geschäftsführer im Jahre 1977 wurde eine grundlegende Umstrukturierung des gesamten Unternehmens eingeleitet, die bis heute auf eine langfristige Entwicklung mit einem organischen Wachstum für die Zukunft ausgerichtet ist. Diese notwendige Umstrukturierung bedeutete eine Erneuerung der gesamten maschinellen Einrichtungen und eine flächenmäßige Verdoppelung der Produktionshallen. Zudem mussten auch neue Abteilungen in Technik, Betrieb und Büro eingerichtet werden, was bis heute die Schaffung neuer Dauerarbeitsplätze zur Folge hat. Die meisten Mitarbeiter kommen aus Bad Schussenried und der näheren Umgebung.

1977 waren zwölf Mitarbeiter im Unternehmen beschäftigt, während heute fast 80 Personen in der Firma tätig sind. Das gegenwärtige Lieferprogramm besteht aus: Filteranlagen, Förderanlagen sowie schlüsselfertigen Ver- und Entsorgungsanlagen in Normalstahl oder Edelstahlausführung für die spanabhebende Fertigung in der stahl- und kunststoffbearbeitenden Industrie, die weltweit angeboten und geliefert werden. Ergänzt wird diese Palette außerdem durch eine umfangreiche Lohn- und Komponentenfertigung für branchenfremde Firmen. Besonders wichtig ist der Unternehmensführung die Spitzenqualität der zu liefernden Produkte, welche nur durch einen sehr hohen Eigenfertigungsanteil erreicht wird. Zudem wird darauf geachtet, dass auch die Montage sowie der Service für die gelieferten Anlagen weltweit durch hauseigene, besonders qualifizierte und erfahrene Mitarbeiter ausgeführt werden.

RUEZ seit 1804

perfekt filtern und fördern

RUEZ-Anlagen bewähren sich seit vielen Jahren weltweit im täglichen Einsatz unter schwierigsten Betriebsbedingungen. | Aus der Vogelperspektive erschließt sich die Dimension des Unternehmens. | Sämtliche Produkte werden mit modernsten Produktionsanlagen hergestellt.

Kreissparkasse in Bad Schussenried

Historische Moderne: Die Kreissparkasse am Marktplatz. | Über 40 Jahre befand sich das Geldinstitut neben dem Rathaus. | Mal nicht am Schalter: Die Mitarbeiter vor dem „Törle“.

Man kennt sich, und man trifft sich in Bad Schussenried. Auch auf dem Marktplatz, wo noch jeden Samstag der Wochenmarkt stattfindet. Man trinkt eine Tasse Kaffee, hält ein Schwätzchen – und erledigt seine Geldgeschäfte. Denn hier am Marktplatz steht auch die Kreissparkasse. Seit 1909 ist sie am Ort. Zunächst als Ortssparpflege eröffnet, wurde diese 1921 als Zweigstelle der Oberamtskasse Waldsee übernommen und bekam 13 Jahre später neben dem Rathaus in der Wilhelm-Schussen-Straße ein eigenes Gebäude. Mit der Kreisreform 1938 kam die Zweigstelle zur Kreissparkasse Biberach. 1976 hat man das ehemalige Gerichtshaus und Gasthaus zum „Löwen“ zum neuen Filialsitz umgebaut. Und 2007 wurde erneut umgebaut. Denn an dem inzwischen unter Denkmalschutz stehenden Gebäude hatte der Zahn der Zeit genagt. So mussten Balken erneuert und Fachwerk ausgetauscht werden. Das neue Innenleben wurde sehr hell und offen gestaltet und mit modernster Banktechnik ausgestattet. Schließlich sollen sich die Kunden hier wohlfühlen und gern in die Sparkasse kommen. „Wir pflegen eine offene, vertrauensvolle und persönliche Beziehung zu unseren Kunden,“ das ist die erklärte Philosophie des Hauses. Ein Großteil der Aufträge wurde übrigens an Firmen und Handwerksbetriebe aus der näheren Umgebung vergeben. Denn die Kreissparkasse fühlt sich verantwortlich für ihre Kunden und die Entwicklung in der Region. Es gibt kaum eine Veranstaltung, bei der das rote Sparkassen-Logo nicht zu sehen ist. So fördert sie erklärtermaßen Kultur, Sport und soziale Projekte vor Ort und unterstützt über ihre Stiftung zusätzlich besonders förderungswürdiges Engagement. Die Kreissparkasse gehört also zum Leben in Bad Schussenried. Oft bestehen die Kundenbeziehungen schon ein Leben lang, sogar über Generationen hinweg. Wo man sich wohlfühlt, bleibt man halt.

STAUDACHER
maschinenbau gmbh

Seit 1921 ist die Firma Staudacher schon in Bad Schussenried ansässig. Ihr Spezialgebiet: Förder- und Anlagentechnik für Schütt- und Stückgüter. Darunter versteht man unter anderem Geräte für die Bunkerung, Vorzerkleinerung, Dosierung und den Transport zäher, harter oder anhaftender Materialien, die in der Baustoff-, Keramik-, Ziegel- und Tonindustrie eingesetzt werden. Außerdem geht es um Dosieranlagen für Schüttgüter, etwa für die Zerkleinerung und Dosierung von Sägespänen, Sand, Zunder und ähnlichem. Staudacher baut außerdem Recyclinganlagen sprich Transport- und Dosiergeräte für die thermische oder chemische Wiederaufarbeitung verunreinigter Böden und Erden. Auch widerstandsfähige und massive Förder- und Transportanlagen für die Verarbeitung von Stahl-, Guß- und anderen Metallteilen sind Bestandteil der Fertigungspalette. Und was zu einem Kurort wie Bad Schussenried bestens passt, ist die sogenannte „medizinische Peloidtechnik", wobei es sich um die Aufbereitung von Moor, Torf, Meeresschlick und Naturfango handelt.

Wichtiges Prinzip der Firmenführung: Sowohl die Planung als auch die Konstruktion der Anlagen liegt in den Händen von erfahrenen Ingenieuren und Technikern, die an modernsten CAD-Workstations arbeiten und bei der Fertigung von ERP- und CNC-Techniken unterstützt werden. Außerdem sind CNC- und CIM-vernetzte Werkzeugmaschinen sowie Schweißroboter im Einsatz. In lichtdurchfluteten Hallen mit einer Gesamtfläche von rund 5000 Quadratmetern sind Brückenkranen von bis zu 20 Tonnen bei 30 Meter Spannweite am Werk, die Großmaschinen aus Stahl oder auch Edelstahl bearbeiten.

EnBW Biberach

Die EnBW-Mannschaft von Bad Schussenried zeigt, was Teamarbeit ausmacht: Zusammenhalt. | Alte Kirche und moderne Stromtechnik – ein Kontrast, aber kein Widerspruch an sich. | Überwachung des Stromnetzes ist alles.

So viel ist sicher. Der Strom kommt aus der Steckdose. Doch wie kommt der Strom zur Steckdose? Dafür sorgt ein zuverlässig arbeitendes Versorgungsnetz, das den Strom zu den Verbrauchern bringt. Allein 100.000 Kilometer beträgt die Länge des EnBW-Netzes in Baden-Württemberg, das immer tipptopp in Schuss gehalten wird. In Oberschwaben ist das EnBW Regionalzentrum in Biberach zuständig für ein 5000 Quadratmeter großes Netzgebiet. Bad Schussenried ist eines von vierzehn Bezirkszentren in der Region.

Die Mannschaft in der Aulendorfer Straße kümmert sich um eine sichere Stromversorgung vor Ort. Sie überwacht und wartet das Stromnetz, beantwortet Fragen zur Stromversorgung und installiert auch provisorische Anschlüsse für Baustellen sowie Feste. Und falls es doch einmal zu einer Störung kommen sollte – beispielsweise durch Blitzschlag oder Bauarbeiten –, ist sie blitzschnell vor Ort und behebt den Schaden. Bei alledem wird rund um die Uhr mit modernster Technik gearbeitet. Damit Bad Schussenried immer im richtigen Licht steht.

Georg Britsch jun.

Kunsthandel

Möbel des 18. und 19. Jahrhunderts

Das Haus Britsch gefällt von außen sowie von innen, und das Angebot erlesener Antiquitäten steht immer im Vordergrund.

Begonnen hat alles im väterlichen Kunsthandel: Dort sammelte Georg Britsch jun. schon in seiner Kindheit und Jugend das Wissen um die Schönheit historischer Objekte. Nach einer Ausbildung zum Schreiner folgte dann 1989 die Firmengründung und der Kauf des ehemaligen Bahnhofhotels. Nach der liebevollen Restaurierung des Hauses kann man nun auf über 500 Quadratmeter Ausstellungsfläche Möbel aus drei Jahrhunderten sehen. Der Schwerpunkt liegt heute auf süddeutschem Biedermeiermobiliar in Kirschbaum- und Nussbaumholz sowie Bodenseeschränken. Aber auch Möbel der Jahrhundertwende aus der Region sind hier vertreten. Alle diese Möbel werden in der eigenen Werkstatt sorgfältig restauriert. Aber Britsch bietet auch Besitzern von antiken Möbeln das Ablaugen, Entwurmen und die Oberflächenbehandlung ihrer Schmuckstücke an.

Daneben gibt es ein reizvolles Angebot von vielen kleinen schönen Dingen für die Dekoration von Haus und Garten sowie antike Gartenbänke und Stühle, Tore und Zäune aus Eisen, Tränken, Brunnen, Pflanzgefäße... Weil man in diesem Haus sehr auf Kundenpflege setzt, feiert die Firma zudem alle zwei Jahre ein Herbstfest. Dabei werden Möbel gezeigt, aber auch wechselnde Ausstellungen zum Thema Wohnen, Kunst und Kultur. Und dann wird – wie es der Name schon sagt – ganz einfach fröhlich gefestet.

Haus Regenta

Im Alter ist Wohlbefinden das Allerwichtigste. | Außen und innen wird im Haus Regenta auf Stil geachtet. | Mobil zu sein ist für die Mitarbeiter eines Seniorenzentrums eine Selbstverständlichkeit.

Die Kurkrise in Bad Schussenried Mitte der achtziger Jahre hat auch zu manchen Veränderungen geführt, die sich letztlich zum Vorteil für die Kommune auswirkten: So war die seit 1958 bestehende Moorbad-Klinik von der Stadt in ein Altenheim umfunktioniert worden, das sich aber nicht lohnte. Da schaltete sich der aus der Hotellerie kommende Marco Schöttner – heute mit seiner Frau Inhaber der Regenta Holding – ein und machte daraus das Haus Regenta, ein Seniorenzentrum mit 145 Betten. Mittlerweile gibt es zudem das so genannte Service-Wohnen im „Rosengarten" mit 27 Wohnungen und einem Gäste-Appartment, wobei diese Anlage noch um 13 Wohnungen aufgestockt wird.
Der Einzugsbereich des Hauses beträgt normalerweise etwa zwanzig Kilometer im Umkreis. Allerdings finden sich im „Rosengarten" zunehmend auch einige Mieter, die aus ganz Deutschland zugezogen sind. Von der vollstationären Pflege über die Kurzzeit-, Tages- und Verhinderungspflege bis hin zum offenen Mittagstisch, Essen auf Rädern und hauswirtschaftlichen Diensten wird alles angeboten. Für das Wohl der Bewohner sorgen mittlerweile 150 Mitarbeiter, darunter 17 Auszubildende. Und dabei wird die vom Gesetzgeber vorgeschriebene Zahl der Fachkräfte überschritten – die Geschäftsführung sieht dies auch als Teil ihrer Leitlinie, dass in einem solch sensiblen Bereich wie der Altenbetreuung Qualität oberste Pflicht ist. Die Bewohner sollen sagen: „Hier bin ich daheim."

Handel und Gewerbe haben hier eine lange Tradition, eine sehr lange sogar: Wo heute in der Stadtmitte das moderne Haushaltswarengeschäft Hescheler die Kunden anspricht, stand schon vor 375 Jahren der Klosterkrämerladen. So etwas verpflichtet. Aber auch Neues kommt immer wieder hinzu. Nur zwei Beispiele: „Wir sind da“ steht auf einem Schild am altehrwürdigen Klostergebäude aus vorbarocker Zeit. Tritt man ein, so sitzen da zwei mit Seltenheitswert: Armin Karle und Liane Scharnefski-Karle, Bürstenmacher von Beruf. Und sie wollen nicht nur etwas verkaufen, sie lassen sich auch gerne über die Schulter gucken: wie sie Besen aus Rosshaar machen, Staubwedel aus Straußenfedern, Rasierpinsel aus Dachshaar, Fasnetswedel aus Hahnenfedern, Haarbürsten aus Wildschweinborste... Nur eine kleine Nische im Handwerk sicherlich, aber schön, dass jemand sie noch besetzt.

Besenmachen gilt heute beileibe nicht als alltägliches Handwerk. Im Alten Kloster kann man dabei zuschauen. | Wie wird das Wetter, und was sagen die Meteorologen in Bad Schussenried dazu? Seit Jahrzehnten sorgen Roland Roth und sein bewährtes Team für verlässliche Aussagen – und die Klientel wächst ständig an.

Schön wiederum für Bad Schussenried, dass sein Name seit einiger Zeit durch ein ganz besonderes Institut landauf, landab in aller Munde ist. Schon als kleiner Bub hatte es Roland Roth mit dem Wetter. Und was dann mit einer Mini-Station begann, hat der heutige Hauptschullehrer mittlerweile zur „Wetterwarte Süd“ gemacht, einem riesigen vernetzten System der hochmodernen Wetterbeobachtung für die ganze Region Oberschwaben, Schwaben, württembergisches Allgäu, Schwäbische Alb und Bodenseehinterland, mit weit über hundert Mitarbeitern, mit allseits brandaktueller Internetseite. Wie das Wetter letztlich wird, weiß keiner genau. Aber die in Schussenried wissen es immer genauer.

Silbern glitzern Wasser und Seerosenblätter im Abendlicht, sanft gleitet das Boot dahin – am Schwaigfurter Weiher hält die Zeit kurz den Atem an. | In Otterswang steht das Pfarrhaus in punkto Vornehmheit der Kirche nicht nach.

Ein Umland im Gleichklang

Oberschwäbische Landschaft – ihr Reiz ist eigentlich in wenigen Worten auszumachen. Hügel, Wälder, Äcker, Wiesen, Weiher, Moore, dazwischen Gehöfte, Dörfer, Kapellen und dann auch schon mal ein Städtchen um einen Kirchturm herum. Möglichst mit Zwiebelhaube. Da macht auch Bad Schussenried keine Ausnahme. Und gerade deswegen ist seine Umgebung so liebenswert – zumindest was den Freizeitwert angeht. Dass auch hier die Landwirtschaft ihre Strukturprobleme hat, dass die Umweltproblematik vor der Idylle nicht Halt macht, dass die Moderne für Brüche im althergebrachten Leben sorgt – keine Frage. Aber es lässt sich wohl eher verschmerzen, wenn man durch eine solch schöne Gegend fährt, wandert, radelt oder reitet. Ob man von Otterswang hinaufkommt nach Atzenberg und dann nach ein paar Metern Waldweg neben der Hochkreuzkapelle diesen fantastischen Blick auf das nahe Aulendorf vor der fernen Alpenkette hat, ob man – zu welcher Jahreszeit auch immer, bei Herbstnebel, Schneetreiben, Maiblüte oder Sommerdunst – den Olzreuter See oder den Schwaigfurter Weiher umrundet, ob man die Schussenquelle zum Ausgangspunkt nimmt und nach einem Gang über die Felder und Riedwiesen irgendwann am alten Torfwerk bei Sattenbeuren landet, wo eine Eisenbahnlinie im Nichts endet, eintönig ist es hier nie.
Und wie immer in Oberschwaben kommt das geschichtliche Erbe nicht zu kurz.

Als ob das kleine Haus vor der großen Kirche in die Knie geht: Diese prunkvolle Demonstration des Barock inmitten von wenigen Häusern ist einmalig.

Steinhausen – Barockjuwel im Dorf

„Hier ist für mich jede Messe ein Festgottesdienst!" Wer kann so etwas mit Fug und Recht behaupten? Der Pfarrer von Steinhausen. Wirkt er doch in einem Gotteshaus, das gerne als „schönste Dorfkirche der Welt" bezeichnet wird. Und wenn das auch nach Übertreibung klingt, es geht völlig in Ordnung. Denn was der Schussenrieder Abt Didacus Ströbele zwischen 1727 und 1733 in dem kleinen Weiler drei Kilometer von seinem Kloster entfernt errichten ließ, ist ein Meisterwerk des 18. Jahrhunderts von Weltrang – und das in einer Schatzkammer der Barockarchitektur namens Oberschwaben, die ja nun nicht arm ist an singulären Bauwerken.

Am Anfang war nur ein hochgotisches Vesperbild, wohl kurz nach 1400 entstanden. Aber diese ergreifende Schmerzensmutter mit ihrem toten Sohn auf dem Schoß muss die Menschen der nachfolgenden Jahrhunderte immer sehr berührt haben. Von einer ständig wachsenden Wallfahrt berichten die Quellen, und jener Abt Ströbele befand dann eines Tages, einer solch verehrungswürdigen Maria müsse man einen neuen „Ehrensitz" bauen. Weil aber nur das Beste gut genug war, besorgte er sich keinen geringeren als den Baumeister Dominikus Zimmermann.

Der Klosterkonvent, der das Vorhaben billigte, ging von einem Kostenvoranschlag von 9000 Gulden aus. Dass am Ende weit mehr als 45 000 Gulden anfielen, scheint dann aber doch zu viel gewesen zu sein. Zwar wurde Abt Ströbele von den Ordensoberen wegen zu großer „Nachsichtigkeit" entlassen. Aber die fünffache Überziehung der Bausumme dürfte doch eine große Rolle gespielt haben. Jedenfalls musste Ströbele den Rest seiner Tage als kleiner Mönch in einem lothringischen Kloster fristen.

Von außen gar nicht offensichtlich, zeigt sich die Extravaganz von Steinhausen erst im Inneren: Frei stehen die Säulen in einem ovalen Zentralbau. | Ein Unikum in der barocken Baugeschichte: Dominikus Zimmermanns bunte Tierwelt an den Fensterrändern. | Auf den Pfeilern sitzen rundum die Apostel. | Posaunenengel verkünden das Lob Gottes.

Seine Hinterlassenschaft steht umso prachtvoller da. Und sie ist beileibe nicht nur eine Art Fingerübung Zimmermanns, bevor dieser an die Vollendung der Wieskirche bei Steingaden ging, wie immer wieder einmal gesagt wurde. Mit Steinhausen schuf der geniale Architekt noch vor Johann Michael Fischer und Balthasar Neumann – von außen kaum zu ahnen – einen ovalen Zentralbau mit freistehenden Pfeilern. Aber die enorme Eleganz dieser Konstruktion ist ja nicht alles. Zimmermann ließ bei der exquisiten Stuckausstattung seiner Fantasie die Zügel schießen – bis hin zu den einzigartigen Zitaten aus der Tierwelt der Umgebung, die sich an den oberen Fensterrändern finden: Kuckuck, Elster und Wiedehopf, Heuschrecke, Stubenfliege und Kreuzspinne, Fuchs, Eichhörnchen und Schnecke – im Mittelalter hätte man sie wohl als Eindringlinge aus einer bösen Gegenwelt gedeutet, die es durch die Engelscharen im Innern der Kirche zu bannen galt. Zimmermann scheint aber eher eine heitere Verherrlichung der Natur im Sinn gehabt zu haben.

Überwölbt wird dieses Fest der Formen und Farben durch die beiden Deckenfresken über dem Chor und dem Schiff, in denen der Auferstehung Christi und des Marienlebens gedacht wird. Beigesteuert hat sie Zimmermanns Bruder Johann Baptist, kongenial im wahren Wortsinn. Vor allem die himmlisch-paradiesische Parklandschaft über dem Kirchenschiff weitet die Dimension dieses so festlich heiter anmutenden Gotteshauses ins Transzendente hinein.

Die Freude über den grandiosen, neben der Muttergottes auch den beiden Aposteln Peter und Paul geweihten Bau muss übergroß gewesen sein. 20 000 Gläubige sollen 1735 an der Prozession zur Übertragung des Gnadenbildes von Schussenried nach Steinhausen teilgenommen haben – die letzten waren noch gar nicht losmarschiert, als die ersten drei Kilometer weiter in Zimmermanns sakralem Wunderwerk schon die Lobeshymnen anstimmten.

Das fantastische Spiel der Formen und Farben auf Johann Baptist Zimmermanns Deckengemälde ist eine einzige Hymne an Maria. | Jedes Detail in dieser Kirche lohnt das Innehalten, auch die tragenden Figuren an der Empore. | Die Schmerzensmutter aus dem frühen 15. Jahrhundert ist heute noch das Zentrum der Wallfahrt.

Lobeshymnen erklingen bis heute. Die Leute aus Steinhausen wussten immer, was ihnen dieser Bau wert war. So überlegten sie auch nicht lange, als der König von Württemberg als Besitzer des Klosters ihnen 1865 den Kauf der Kirche für 6000 Gulden als „unterhaltspflichtiges Eigentum" anbot. Sie entschieden sich für Zimmermanns Bau – und nicht für ein riesiges Stück Wald, das die Alternative gewesen wäre. Heute ist es ihr sattes Kapital. Rund 100 000 Besucher kommen alljährlich in die kleine Gemeinde mit ihren gerade mal 350 Katholiken, oft 20 und mehr Busse am Tag. Unter diesen Gästen aus aller Welt mögen viele nur kunsthistorisch interessiert sein. Aber auch die Wallfahrt lebt. Den Gottesdienst in dieser Kirche mitfeiern zu können, lässt Christen selbst weite Wege gehen. Lang sind zudem die Wartelisten für Kirchenchöre oder Musikkapellen, die dort unbedingt einmal eine Messe gestalten wollen.

Und eine neue Attraktion ist hinzugekommen: Das unweit gelegene Dörfchen Muttensweiler ist schon seit dem Mittelalter als Station auf dem Jakobsweg bezeugt. Aber auch Zimmermanns Juwel profitiert nun von dem enormen Boom, den das Pilgern in St. Jakobs Namen seit einigen Jahren verzeichnet und der die Leute von Ulm über Steinhausen bis Meersburg quer durch Oberschwaben wandern lässt. Auf einem der Pfeilerkapitelle der Kirche sitzt auch prompt der Heilige mit der Muschel. Dominikus Zimmermann hat an alles gedacht.

Auch sorgsame Gartenpflege rund um die Bauernhäuser gehört zum täglichen Geschäft. | Ein hochbetagtes Lokomobil sorgt für den Antrieb so manch alter Maschine. | Ob Dreschen oder Besenbinden, die Handwerke feiern hier ihre Urständ.

Kürnbach – Alternative zur Abrissbirne

Steinzeitdorf, Schwarzwaldbauernhof, Auswandererschiff – Reisen in die Vergangenheit sind seit einigen Jahren der große Renner. Vor allem das Fernsehen erschließt mit Vorliebe die Lebenswelten unserer Vorfahren. Die Leute aus den Freilichtmuseen lächeln da nur milde. Denn genau dieses tun sie schon seit Jahrzehnten, mit großem Erfolg. Zum Beispiel im Oberschwäbischen Museumsdorf Kürnbach vor den Toren von Bad Schussenried, das mittlerweile 32 historische Gebäude umfasst und jedes Jahr rund 45 000 Besucher anzieht.

Mit einem einzigen Haus hat alles angefangen, das schon seit 1665 an dieser Stelle stand. Altehrwürdig, mit Stroh gedeckt, noch ohne Kamin, zum Verlieben schön – oder zum Abreißen. Zum Glück fand es Liebhaber, wurde nicht weg geschoben, sondern 1957 restauriert und dann zur Keimzelle eines großzügigen Areals, auf dem sich nach der Gründung des Museumsdorfs 1968 Gebäude um Gebäude hinzugesellte: eine 500 Jahre alte Hueb aus Zollenreute, ein Hirtenhaus aus Göfingen, ein Tanzhaus aus Wolfertsweiler, eine Zehntscheuer aus Fischbach, ein Backhaus aus Mittelbiberach, eine Eligius-Kapelle aus Oberessendorf, ein Rathaus aus Andelfingen, ein Fruchtkasten aus Aulendorf, eine Umspannstation aus Winterstettendorf... Irgendwie faszinierend darüber nachzudenken, wie hier ganze Häuser einfach auf die Reise geschickt werden. Wobei man gleichzeitig versteht, warum das Millionen verschlingt. Aber wenn dann ein so liebevoll arrangiertes Panorama herauskommt, dann wird eigentlich klar, dass die Abrissbirne keine Alternative ist.

Mehr als 20 Werkstätten lassen sich in den Häusern und auf dem Gelände finden – vom Schmied über den Bäcker, Rechenmacher, Küfer, Seiler, Flaschner, Korbmacher, Metzger, Friseur, Schuhmacher, Schindler und Wagner bis zum Schnapsbrenner. Und das Schöne dabei: Wohl heißt das Ganze Museum, aber man belässt es nicht mit der toten Präsentation. Aus einem alten Häuschen riecht es wirklich nach Schnaps. Denn ein paar Mal im Jahr wird hier echt gebrannt, wird das Obst von den Streuobstwiesen einer sinn- und vor allem geschmackvollen Verwendung zugeführt und dann nachher als feiner Apfel-Birnen-Brand an der Museumskasse verkauft. 150 Obstbäume stehen auf dem Gelände, und 200 Obstsorten sind vertreten, was aber kein Widerspruch an sich ist, wie der Museumsprospekt launig vermerkt: Auf einige Bäume hat man eine zweite Sorte aufgepfropft...

Auch in anderen Häusern und Werkstätten erwacht immer wieder das Leben, wird – je nach Jahresablauf – an eigens mit viel Aufwand organisierten „Handwerkertagen“ gebacken, gekocht, gemostet, geschlachtet, geschreinert, gezimmert, gedroschen, gedrechselt, geflochten, gewoben, geklöppelt... So lässt sich begreifen, was Landleben früher bedeutete – und das fern von jeder verklärenden Tümelei, sondern vielmehr mit einem bewusst nüchternen Blick auf die Licht- und Schattenseiten im Dasein unserer Altvorderen.

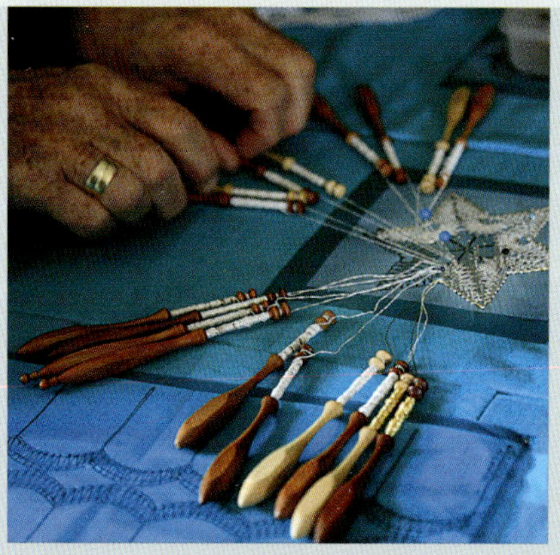

So vielfältig wie die frühere Arbeitswelt, so bunt ist ihr Abklatsch heute: An den Handwerkertagen wird gedrechselt, gekocht, geklöppelt, gesponnen – und geschwätzt. | Das Lokomobil muss gewartet werden, die Schmiedeesse angeheizt, die Töpferscheibe gedreht und das Essen zubereitet – Langeweile ist hier ein Fremdwort.

Handwerkskammer Ulm.
Meister-Brief.
hat die Meisterprüfung im
worüber ihm diese Urkunde ausgefertigt wird.
Handwerkskammer:
Meisterbrief
Drahtschlosser

Pflügen und Dreschen will überlegt sein. | Der Blick in die alte Werkstatt eines Sieb- und Rechenmachers lässt erkennen, wie mühsam so manches Geschäft früher war. | Für den Nachwuchs dreht sich die Modell-Dampfbahn. | So angejahrt sie auch sein mögen, alte Gerätschaften haben ihre Würde.

Nächste Doppelseite:
Ob zum Baden oder Angeln, der Olzreuter See ist ein kleines Paradies vor Bad Schussenrieds Toren. Oder man setzt sich einfach hin – und staunt.

Es war ja auch nicht immer nur die gute alte Zeit: Irgendwann steht der Besucher in einem Klassenzimmer zwischen alten Holzbänken und Schiefertafeln und erfährt nebenbei, dass ein früheres Dorfschulmeisterlein in seiner 50-jährigen Amtszeit – hochgerechnet – rund 911 000 mal zum Stock griff und einen Zögling verwamste.
Da geht es in der kleinen Trachtenabteilung friedvoller zu. Zwar waren die Sitten einst streng. Zitiert wird Abt Siard II. Berchthold von Schusssenried, der 1794 befand, in seinem Herrschaftsbereich, sei „üppige oder übertriebene oder wohl unanständige Kleidertracht bei schwerer Strafe verboten". Aber die Landsleute wussten trotzdem, wie sie sich schön herausputzen konnten – schön sittsam, wohlgemerkt. Dabei ist es interessant, dass sich der Zusammenprall der Konfessionen oft auch in der Kleidung zeigte: Die Katholiken mochten es etwas lockerer, bunter, die Protestanten etwas strenger, einfarbiger.

Umtriebig müssen sie sein, die heutigen Museumsleute. Denn von nichts kommt nichts, vor allem nicht in einer Zeit der immer mächtiger werdenden Zerstreuungsindustrie. So wird man in Kürnbach nicht müde, immer wieder andere Angebote zu machen – vom Film zum Thema Hornissen über das Backen von Osterbroten bis zum Schnellkurs im Wühlmausfangen, vom Schleppertreffen über das Volksliedersingen bis zum A-cappella-Konzert. Und neben dem Museumsgelände dreht jeden zweiten und vierten Sonntag eine Modell-Dampfbahn ihre Runden, bei der Groß und Klein mitfahren können. Ohnehin wird die Arbeit mit Kindern ganz groß geschrieben. Da sitzen an einem Sommermorgen im Museum zwei Museumspädagoginnen im alten Tanzhaus und werkeln. Was sie machen? „Filzen" steht auf dem Programm des Kindernachmittags, zu dem gleich eine flotte Bande aufkreuzen wird – Basteln von Filzfiguren, von Schmetterlingen, Pilzen, Vögeln... Und da heißt es, sich gut vorzubereiten. Denn für die jungen Gäste ist nur das Beste gut genug – immerhin sind sie die Besucher von morgen.

Auf den ersten Blick nicht mehr zu erkennen: Hier waren früher mal Baggerzugange. Heute ist die Landschaft beim Torfwerk ein ruhiges Rückzugsgebiet. | Gleise, Waggons und eine alte Wirtschaft zeugen noch von früherer Geschäftigkeit und Geselligkeit. | Für die Sattenbeurener ein Fixpunkt in ihrem Leben: die anrührende Schutzmantelmadonna aus dem späten Mittelalter.

Sattenbeuren – Maria, breit den Mantel aus

Ein Weiler mit ein paar Höfen, ein paar Häusern. Im Zentrum aber das Besondere: eine Kapelle mit einem Kleinod aus alter Zeit. Irgendwann fand diese liebreizende Schutzmantelmadonna der Ulmer Schule, geschaffen im Umkreis des großen Bildschnitzers Michel Erhart gegen Ende des 15. Jahrhunderts, ihren Weg dorthin, vielleicht aus einer früheren Ausstattung des Klosters, vielleicht direkt aus Ulm. Nichts Genaues weiß man, wie so oft bei Relikten der Spätgotik im übermächtig barockisierten Oberland. Aber diese Gottesmutter spricht heute noch für sich. Unter ihrem Umhang drängen sich treuherzig die Gestalten – vom Bettler bis zum Bischof. Und auch für die heutigen Bewohner ist sie heute noch Anlaufstelle. „Ohne das Käppele wäre die Gemeinschaft hier nicht das Gleiche", bekennt der Landwirt, bei dem man sich den Schlüssel holt. Das zahlt sich auch aus: Wenn einmal 4000 Euro für eine notwendige Restaurierung fällig sind, dann wird halt kurzerhand die Kartoffellagerhalle für ein großes Fest leer geräumt. Und schon hat man das Geld zusammen für das beste Stück im Dorf.

Reichenbach – Weckruf für ein Wirtshaus

Von der Kapelle mit ihrem uralten Sühnekreuz bietet sich ein Blick auf das 1974 eingemeindete Reichenbach. | Einige Gehöfte zeugen noch von Landwirtschaft. | Die Kirche ist der Mittelpunkt des religiösen Lebens. | Mit der Renovierung des aufgelassenen Gasthauses ist auch ein sozialer Mittelpunkt zurückgewonnen.

Was macht man heute, wenn die alten Ortskerne ihre Funktion verlieren, wenn die Kaufläden schließen und die Wirtschaften dicht machen? Man weint der guten, alten Zeit nach. Oder aber man greift an. Wie in Reichenbach, seit 1974 Stadtteil von Schussenried. Dort drohte das Gasthaus „Hirsch" in einen Dauerschlaf zu verfallen. Die Verhandlungen über Rettungsmaßnahmen zogen sich hin, bis dann beherzte Reichenbacher Bürger zur Selbsthilfe griffen, Fördergelder sowie Spenden besorgten und mit sehr viel Engagement – bis zu 5000 Stunden fielen an – aus der alten Wirtschaft mit ihrem gewaltigen Ökonomiebäude ein „Dorfgemeinschaftshaus" machten. Höchst erfreulich dabei: Auch die Jugend ließ sich einbinden und profitiert jetzt davon, dass hier wieder Leben pulsiert.

Aber einen anderen Mittelpunkt hat Reichenbach ja sowieso, unbestritten, unübersehbar. Schon von weitem grüßt der hübsche Zwiebelturm der Kirche St. Sebastian, Blasius und Agatha, die in den letzten Jahrzehnten Stück für Stück in einen prächtigen Zustand versetzt wurde. Auch bei der Ausstattung dieser Kirche hat das nahe Schussenried Akzente gesetzt. Schon im 14. Jahrhundert dem Kloster angegliedert, wurde das spätgotische Gotteshaus 1735 großzügig barockisiert, mit bemerkenswerten Altären des Weingartener Joachim Früholz ausgestattet. Und was sofort ins Auge fällt: Solche Holzdecken, in diesem Fall neobarock bemalt und nun auf Hochglanz renoviert, finden sich in vergleichbaren Kirchen höchst selten.

16

Gasthaus
Hirsch

Für eine Dorfkirche außergewöhnlich ist die sehr geschmackvoll entworfene und aufwendig gemalte Holzdecke. | Eine Mühle ist eigentlich keine Schnapsbrennerei, aber die stattlichen Gebäude am Rand von Reichenbach haben heute ihr eigenes Fluidum. Mehl gemahlen wird immer noch, aber in die ungenutzten Räume der alten Landwirtschaft ist neues Leben eingezogen. In der „Erlebnismühle“ gehen heute auch große Feste über die Bühne.

Auch eine „Erlebnismühle“ findet sich nicht überall. „Das Müllergeschäft ist heute hart geworden. Da muss man schon sehen, wo man bleibt und vielleicht auch noch was anderes machen“. So ist in der über 700 Jahre alten Ailinger-Mühle am Rand von Reichenbach zu hören. Dort wird immer noch gemahlen, aber weil dieses Geschäft ja auch nicht alltäglich ist, macht man die Mühle für die Allgemeinheit auf. Zum einen wird gezeigt, wie auch heute noch aus Getreide Mehl entsteht, zum anderen bietet ein Mühlenmuseum Einblick in die Geschichte dieses uralten Handwerks. Einen Mühlenladen gibt es ebenfalls, eine Mühlenbrennerei. Und weil man für die riesigen Gebäude der ehemaligen Landwirtschaft, die Scheuern und Tennen, keine direkte Verwendung mehr hatte, wurden sie umfunktioniert: zur urigen Gaststätte, in der locker auch mal 120 Leute eine Hochzeit oder einen Geburtstag feiern.

Otterswang – Pilgerzüge zum Ernteschmuck

Wie ein Balkon mit Oberschwabenpanorama bis zu den Alpen liegt die Terrasse des Café Burgblicks über Otterswang. Eine Burg stand hier in der Tat über sechs Jahrhunderte hinweg. Die alte Feste geht – wen wundert's in dieser Gegend – auf die Klosterherren von Schussenried zurück. In den Sechzigern des 20. Jahrhunderts wurden Teile davon zu einem Jagdhaus umgebaut, das dann wieder einem Gastronomiebetrieb wich. Und heute schwärmt eine eingeschworene Kundschaft von den Torten, die dort gebacken werden.

Steigt man vom Burgberg herab, so grüßt schon bald der markante Kirchturm von St. Oswald in Otterswang. Ein paar hundert Meter durch den schmuck herausgeputzten Ort, der seit 1972 zu Bad Schussenried gehört, und dann steht man vor der Kirche. Steinhausen kommt dieses Gotteshaus zwar nicht gleich, aber dass auch hier ein Reichsabt von Schussenried Pate stand, liegt auf der Hand. Joseph Krapf, der zweitletzte Prälat der Reichsabtei, ließ 1777 den bereits bewährten Architekten, Jakob Emele, Erbauer des Bibliothekflügels, Hand anlegen. Dieser sorgte zusammen mit Meinrad von Ow, der das Deckenfresko und die Altarblätter malte, sowie Joseph Knopf, der Altäre und Kanzel gestaltete, für eine erstaunlich delikate Raumwirkung. Noch dem Rokoko verhaftet, aber bereits mit Anklängen an den Klassizismus, ist auch Otterswang eine Dorfkirche, die über Hunderte von Kilometern hinweg ihresgleichen sucht.

Der Burgberg über Otterswang ist einer von vielen Punkten rund um Bad Schussenried mit einem fantastischen Blick ins Oberland hinein, bis hin zu den fernen Bergen. Allerdings kann man hier auch noch einkehren. | Vor der Kirche von Otterswang hält ein hübsches Mädchen Tauben in seinen Händen. Geschaffen wurde der „Lebensbrunnen“ 1991 vom Bildhauer Toni Schneider-Manzell. | Vor dem alten Pfarrhaus ruft ein Kruzifix zur kurzen Rast.

Besonders ins Auge fällt der doch recht hohe Turm der Kirche von Otterswang. | Erntedank ist das große Thema in jedem Herbst. | Eine weit über das Oberland hinaus bekannte Attraktion sind die alljährlichen Schmuckteppiche aus Feld- und Gartenfrüchten mit ihren anspruchsvollen Themen, hier der Umsetzung des präraffaelitischen Bildes „Das Licht der Welt“ von William Hunt (1827–1910). Das Bild hängt heute in der St. Paul's Cathedral in London. | In ihrer Nische immer noch Anziehungspunkt für Gläubige: die liebevolle Madonna aus der spätgotischen Strigel-Werkstatt.

Nächste Doppelseite:
Aus der Barockzeit stammen die Kreuzwegstationen unweit des Friedhofs, an denen die Pferde hier vorbeitrotten. Man ist zwar in der Stadt – aber doch noch auf dem Land.

Seit Jahrzehnten steht Otterswang außerdem für eine Tradition, die in ganz Deutschland immer wieder für Schlagzeilen sorgt. Im Jahr 1972, als St. Oswald grundlegend restauriert wurde, überlegte sich der damalige Ortspfarrer Dr. Otto Beck, ein Brauchtumskenner von hohen Graden, was diese schöne Kirche noch besonders herausschmücken könnte. So kam er auf die Idee die schöne, alte Sitte des Erntedankschmucks wieder aufleben zu lassen – und zwar vor allem mit alljährlichen Teppichen vor dem Hochaltar der Kirche. Die Frauen, die immer schon Anfang September auf verschiedenen Brettern mit der diffizilen Arbeit der Vorzeichnung beginnen, sind mittlerweile absolute Expertinnen auf ihrem Gebiet. Immer hochrangiger wurden mit der Zeit auch die Motive – von der mittelalterlichen Buchminiatur über spätgotische Tafelbilder, barocke Deckenfresken und präraffaelitische Gemälde bis hin zur modernen Federzeichnung vom Ellwanger Malerpfarrer Sieger Köder. Was die „Teppichfrauen“ und die „Kränzerinnen“ dann aus Körnern und Pulver von Sesam, Mohn, Raps, Hirse, Gerste, Reis, Pfeffer und Zimt gestalten und am Schluss noch mit Äpfeln, Zwetschgen, Nüssen oder Eiern umlegen, verblüfft immer wieder aufs Neue. Und aus allen Himmelsrichtungen fallen dann die Fotografen ein. Kein Wunder.

AVE
MARIA

Autoren

Der Fotograf

Wolfgang Adler, geboren 1946 in Lauingen/Donau, Fotografenmeister, von 1972 bis 2006 Leiter der Bilddokumentation der Stadt Ulm, 1990 Berufung in die Deutsche Gesellschaft für Photographie, zahlreiche fotografische Beiträge in kunsthistorischen Veröffentlichungen und Bildbänden.

Der Autor

Rolf Waldvogel, geboren 1944 in Sulzburg/Baden, Philologiestudium in Freiburg/Breisgau, seit 1972 Redakteur bei der Schwäbischen Zeitung, von 1980 bis 1985 Ressortleiter Sonntagszeitung, seit 1990 Ressortleiter Kultur, zahlreiche Publikationen zum Kulturerbe Oberschwabens.

Die Gestalterin

Lioba Geggerle, geboren 1965 in Neu-Ulm, Grafik-Design-Studium an der Fachhochschule Schwäbisch Gmünd, seit 1988 als Gestalterin zunächst im Büro Lahaye Kern, danach im Büro Lahaye in Ulm und seit 2003 in Neu-Ulm in der Agentur für Kommunikations-Design teamschostek mit einer Vorliebe für das Buch-Layout.

Bildnachweis

Alle Fotos vom Bildautor außer:
Seite 13 unten: Roland Rasemann
Seite 47 und 71 links oben:
Ingeborg und Dr. Wolfgang Henze Ketterer, Wichtrach/Bern
Seite 71 links unten: Gesundheitszentrum Bad Schussenried GmbH
Seite 72 oben und rechts unten:
Brauerei Ott GmbH & Co.KG
Seite 74 rechts oben: Liebherr Mischtechnik GmbH
Seite 75: SHW Automotive GmbH & Co.KG
Seite 76–77: Ruez GmbH
Seite 78 oben rechts und unten:
Kreissparkasse Biberach
Seite 79: Staudacher Maschinenbau
Seite 80: EnBW Regional AG Regionalzentrum Oberschwaben
Seite 81: oben links und Mitte: Kunsthandel Georg Britsch jun.
Seite 82: Haus Regenta

Quellen und Literatur

Der Landkreis Biberach
Kreisbeschreibung Bd. 2, Thorbecke Verlag
Erlebtes Bad Schussenried
Pfarrer Anton Schmid (Hrsg.), Kunstverlag Fink
Kunstwanderungen im Herzen Oberschwabens
Bd. 1, Dr. Alfons Kasper
Überarbeitet und aktualisiert von Wolfgang Merbach
Otterswang im Ernteschmuck
Pfarrer Otto Beck, Kunstverlag Fink
Die Schussenrieder Fastnacht – Geschichte einer Tradition
Otto Minsch, Gewerbe- und Handelsverein und Narrenzunft (Hrsg.)
Bodensee und Oberschwaben
Karlheinz Ebert, DuMont Kunst-Reiseführer
Schwäbische Zeitung
Archiv

Impressum

Mit freundlicher Unterstützung von
Brauerei Ott GmbH & Co.KG
EnBW Regional AG Regionalzentrum Oberschwaben
Gesundheitszentrum Bad Schussenried GmbH
Haus Regenta
Kreissparkasse Biberach
Kunsthandel Georg Britsch jun.
Liebherr Mischtechnik GmbH
Ruez GmbH
SHW Automotive GmbH & Co.KG
Staatliche Schlösser und Gärten
Staudacher Maschinenbau

Herausgeber
Stadt Bad Schussenried
Verlag
Süddeutsche Verlagsgesellschaft
im
Jan Thorbecke Verlag
Text
Rolf Waldvogel
Fotos
Wolfgang Adler
Gestaltung
Lioba Geggerle
teamschostek GmbH & Co.KG, Neu-Ulm
Gesamtherstellung
Süddeutsche Verlagsgesellschaft Ulm

ISBN 978-3-7995-8035-9